今日中国

经济奇迹

主编◎朱建纲　颜晓峰

本册主编◎孙　利

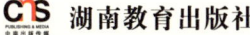

湖南教育出版社

《今日中国》丛书编委会

主　编

　　朱建纲　颜晓峰

编委会成员

　　朱建纲　颜晓峰　孙　利　王寿林

　　吴　冰　王道勇　田鹏颖　张　琦

　　贺敬垒　黄步高　黄永华　董静静

序

从富起来到强起来
——新时代的中国

"古老的东方有一条龙,它的名字就叫中国。"

中华民族在五千多年的文明历史中,开垦了物产丰富的广袤良田,治理了肆虐不驯的千百条大江大河,建设了万里长城、都江堰、大运河、故宫、布达拉宫等气势恢弘的伟大工程,发明了造纸术、火药、印刷术、指南针等深刻影响人类文明进程的伟大科技成果,创作了《诗经》、《楚辞》、汉赋、唐诗、宋词、元曲、明清小说等伟大文艺作品,还造就了走在世界前列的繁荣盛世。

1840年鸦片战争以后,西方列强凭着坚船利炮野蛮轰开了中国的大门,中华民族陷入内忧外患的悲惨境地。从那时起,实现中华民族伟大复兴,成为华夏儿女最伟大的梦想,中国人民百折不挠、坚忍不拔,为实现这个伟大梦想进行了170多年的持续奋斗。

"雄关漫道真如铁。"1921年中国共产党诞生后,团结带领人民完成新民主主义革命和社会主义革命,建立起中华人民共和国和社会主义基本制度,进行了社会主义建设的艰辛探索,实现了中华民族从"东亚病夫"到站起来的伟大飞跃。

"人间正道是沧桑。"1978年改革开放以来,中国共产党人团结带领人民，进行建设中国特色社会主义新的伟大实践，使中国大踏步赶上了时代步伐，实现了中华民族从站起来到富起来的伟大飞跃。

"长风破浪会有时。"以习近平同志为核心的党中央团结带领人民，推动党和国家事业取得全方位、开创性历史成就，发生深层次、根本性历史变革，中华民族迎来了从富起来到强起来的伟大飞跃。今天，中国人民比历史上任何时期都更接近、更有信心和能力实现中华民族伟大复兴。

回首党的十八大以来的岁月，的确是极不平凡和激动人心的。面对世界经济复苏乏力，局部冲突和动荡频发，全球性问题加剧的外部环境，面对我国经济发展进入新常态等一系列深刻变化，党和国家开拓创新、励精图治，提出一系列具有开创性意义的新理念新思想新战略，出台一系列重大方针政策，解决了许多长期想解决而没有解决的难题，办成了许多过去想办而没有办成的大事，令国人为之赞叹，令世界为之瞩目。

经济建设取得重大成就，国内生产总值稳居世界第二，对世界经济增长贡献率超过30%。

民主法治建设迈出重大步伐，推进全面依法治国，社会主义协商民主不断发展。

思想文化建设取得重大进展，社会主义核心价值观和中华优秀传统文化广泛弘扬，国家文化软实力和中华文化影响力大幅提升。

人民生活不断改善，城乡居民收入增速超过经济增速，覆盖城乡居民的社会保障体系基本建立。

脱贫攻坚战取得决定性进展，6000多万贫困人口稳定脱贫，贫困发生率从10.2%下降到4%以下。

生态文明建设成效显著，绿水青山就是金山银山的理念深入人心，实行了最严格的生态环境保护制度。

强军兴军、港澳台工作、大国外交、党的建设等领域，都是亮点纷呈、有声有色。

从富起来到强起来，是一次前所未有的伟大飞跃，是新时代的实质内容和奋斗目标，是包括港澳台同胞、海外华人在内的全体中华儿女的共同愿望。

新时代的中国，是在以习近平同志为核心的党中央坚强领导下开辟出来的，是在习近平新时代中国特色社会主义思想科学的指导下开创出来的，是依靠全体中国人民齐心协力奋斗出来的。

2017年召开的中共十九大，开启了全面建设社会主义现代化国家新征程。"中华"号巨轮正在扬帆远航，驶向中华民族伟大复兴的美好前景。从2035年到本世纪中叶，在基本实现社会主义现代化的基础上，再奋斗十五年，把我国建成富强民主文明和谐美丽的社会主义现代化强国，中华民族将以更加昂扬的姿态屹立于世界民族之林。

今日中国，传承中国历史，走向中国未来。了解今日中国，就能展望未来中国、现代化中国。湖南教育出版社秉承这一理念，组织专家学者，精心打造，编写出版"今日中国"丛书。该套丛书将从经济建设、政治建设、文化建设、社会建设、生态文明建设和打赢脱贫攻坚战等领域，全方位展示新时代中国特色社会主义的重大发展成就，为海内外华人了解祖国打开一个窗口，搭建一座桥梁。与此同时，该套丛书竭力让各位读者更加全面、准确、真实地了解今日中国，从而对中华民族的美好未来更加充满信心，更加自觉地合力实现中国梦。

丛书编委会

2019年2月

前 言

> 今日中国·经济奇迹

自改革开放以来，中国人民在中国共产党的坚强领导下，坚持和发展中国特色社会主义，艰苦奋斗、顽强拼搏，极大解放和发展了社会生产力。虽也历经风雨，面临挑战，但中国人民始终坚持聚精会神搞建设、一心一意谋发展，坚持改革开放不动摇，持之以恒，锲而不舍，推动中国发生了翻天覆地的变化。今天，中国已经成为世界第二大经济体、第一大工业国、第一大货物贸易国、第一大外汇储备国。40年来，按照可比价格计算，中国国内生产总值（GDP）年均增长约9.5%；人均国内生产总值从1978年只有385元，到2018年的64644元，增加了160多倍；以美元计算，中国对外贸易额年均增长14.5%。

除了数字的表达，人们的日常生活发生的变化更为直观。自行车曾经是中国家庭的重要财产，现在汽车已进入千家万户；城市居民曾经是一家三代挤在一套小单元房或小平房里，现在则是很多家庭拥有两套房或多套房；孩子们曾经盼着过年能吃上肉，添身新衣服，现在是天天能够吃上肉，换新装。类似的变化不胜枚举。短短的40年，人民生活物资从短缺走向充裕，生活水平从贫困走向小康，我国成功实现了从"站起来"到"富起来"的伟大飞跃。阅读本书之后，你的脑海中会浮现出一幅幅沧桑巨变的历史画面。当然，这种巨变只是中点，而不是终点；我们不仅要富起来，更要强起来。

党的十八大以来，以习近平同志为核心的党中央根据国际国内经济发展大势，作出了我国经济进入了从高速增长阶段转向高质量增长阶段、经济结构不断优化、从要素驱动转向创新驱动的新常态的重大判断，提出了引领新常态的"创新、协调、绿色、开放、共享"发展理念，作出了以供给侧结构性改革为主线、适应经济新常态的一系列重大战略部署。在党中央的坚强领导和全党全国人民的共同奋斗下，经济建设取得巨大成就。

党的十九大报告系统总结了党的十八大以来我国经济发展的历史性成就。"经济保持中高速增长，在世界主要国家中名列前茅，国内生产总值从五十四万亿元增长到八十万亿元，稳居世界第二，对世界经济增长贡献率超过百分之三十。供给侧结构性改革深入推进，经济结构不断优化，数字经济等新兴产业蓬勃发展，高铁、公路、桥梁、港口、机场等基础设施建设快速推进。农业现代化稳步推进，粮食生产能力达到一万二千亿斤。城镇化率年均提高一点二个百分点，八千多万农业转移人口成为城镇居民。区域发展协调性增强，'一带一路'建设、京津冀协同发展、长江经济带发展成效显著。创新驱动发展战略大力实施，创新型国家建设成果丰硕，天宫、蛟龙、天眼、悟空、墨子、大飞机等重大科技成果相继问世。南海岛礁建设积极推进。开放型经济新体制逐步健全，对外贸易、对外投资、外汇储备稳居世界前列。"

习近平主席在博鳌亚洲论坛 2018 年年会开幕式上的主旨演讲中指出："中国 40 年改革开放给人们提供了许多弥足珍贵的启示，其中最重要的一条就是，一个国家、一个民族要振兴，就必须在历史前进的逻辑中前进、在时代发展的潮流中发展。"我们坚信，在以习近平同志为核心的党中央的坚强领导下，在全国各族人民的共同努力下，全面建成小康社会、基本实现现代化和全面建成社会主义现代化强国的目标将会一步一步呈现在我们面前，中华民族伟大复兴中国梦离我们越来越近，中国特色社会主义事业也将不断从胜利走向胜利。

目 录
> 今日中国·经济奇迹

第一章　经济体制改革牵引经济迈向高质量发展 / 001

第一节　市场在资源配置中起决定性作用和更好发挥政府作用 / 003

第二节　坚持和完善公有制为主体、多种所有制经济共同发展的基本经济制度 / 007

第三节　财税体制改革取得新进展 / 010

第二章　经济保持中高速增长 / 015

第一节　国内生产总值稳居世界第二 / 016

第二节　人均国内生产总值达到中高收入国家水平 / 019

第三节　新增就业人数稳步增长 / 022

第四节　居民收入平稳增加 / 027

第五节　外向型经济发展迅速 / 032

第三章　农业现代化稳步推进 / 037

第一节　粮食生产持续保持高位水平 / 039

第二节　城镇化率稳步提升 / 044

第三节　农业机械化快速发展 / 050

第四节　乡村振兴战略聚焦亿万农民美好生活 / 053

第四章　实体经济结构优化　新业态逐步呈现 / 055

第一节　高端制造业发展迅速 / 056
第二节　数字经济步入快速发展新阶段 / 062
第三节　共享经济异军突起 / 066
第四节　大数据推动数据驱动型创新体系及其发展模式 / 071

第五章　基础设施建设快速推进 / 073

第一节　交通运输基础设施建设跨越式发展 / 074
第二节　能源基础设施快速发展 / 081
第三节　信息通信基础建设取得长足进步 / 084
第四节　城镇公共设施建设稳步推进 / 086

第六章　区域发展协调性增强 / 091

第一节　"一带一路"建设稳步推进 / 092
第二节　京津冀协调发展能力增强 / 098
第三节　长江经济带发展成效显著 / 106

第七章　科技创新成果显著 / 111

第一节　科技制度创新迸发活力 / 112
第二节　原始创新取得突破性进展 / 116
第三节　战略高新技术成就全球瞩目 / 119
第四节　科技创新人才队伍日渐壮大 / 125
第五节　科技创新引领作用凸显 / 127

第八章　金融业持续快速健康发展　/ 131

- 第一节　银行业发展保持稳定 / 132
- 第二节　资本市场稳步发展 / 135
- 第三节　保险业持续快速增长 / 139
- 第四节　人民币国际化取得重大突破 / 141
- 第五节　金融监管机制不断健全，防范系统性金融风险能力增强 / 145

第九章　开放型经济体制逐步健全　/ 149

- 第一节　世界贸易的发展演进 / 150
- 第二节　中国近期的货物贸易和服务贸易情况 / 153
- 第三节　吸引外资与对外投资的双向快速增长 / 161
- 第四节　外汇储备保持较高水平 / 164

后记 / 168

第一章

经济体制改革牵引经济迈向高质量发展

　　从党的十一届三中全会作出将党和国家工作重心转移到经济建设上来、实行改革开放的历史性决策以来,已经40年了。中国经济过去40年的年均增长率接近10%,GDP的世界占比由原来的2.7%迅速提高到目前的近15%,创造了世界经济史上的"中国奇迹"。能够取得这样的成绩,中共中央反复强调,改革开放是决定当代中国命运的关键一招,也是决定实现"两个一百年"奋斗目标、实现中华民族伟大复兴的关键一招。实践发展永无止境,解放思想永无止境,改革开放也永无止境，停顿和倒退没有出路，改革开放只有进行时，没有完成时。

  2013年召开的中共十八届三中全会通过了《中共中央关于全面深化改革若干重大问题的决定》，该决定中明确指出经济体制改革是全面深化改革的重点，也成为党的十八大以来以习近平同志为核心的党中央把握国际国内形势，深化经济体制改革的顶层设计。习近平同志在党的十九大报告中明确指出："我国经济已由高速增长阶段转向高质量发展阶段。"2018年中央经济工作会议再次强调："中国特色社会主义进入了新时代，我国经济发展也进入了新时代，基本特征就是我国经济已由高速增长阶段转向高质量发展阶段。"推动高质量发展，既是保持中国经济持续健康发展的必然要求，也是适应我国经济结构变化和全面建成小康社会、全面建设社会主义现代化国家的必然选择。深入推进经济体制改革是实现高质量发展的必由之路。五年多来，党和政府在经济体制改革方面作出了大量努力，取得了巨大成绩。

第一节
市场在资源配置中起决定性作用和更好发挥政府作用

"市场在资源配置中起决定性作用和更好发挥政府作用"是党的十八届三中全会提出的一个重大理论观点,是我国改革开放以来不断加强市场在资源配置中的作用和有效发挥政府的宏观调控作用伟大实践的经验总结。这一观点充分体现了党和政府对市场经济规律的认识和驾驭能力的不断提高,也成为党的十八大以来一系列重大经济政策和改革措施的重要理论依据。

一、正确理解资源配置中的市场作用与政府作用的关系

处理好市场与政府的关系是经济体制改革的核心问题。处理好市场和政府的关系,实际上就是要处理好在资源配置中市场起决定性作用还是政府起决定性作用这个问题。经济发展问题的核心就是在生产领域提高资源的配置效率,以尽可能少的资源投入生产尽可能多的产品,获得尽可能高的效益。理论和实践都证明,市场配置资源是最有效率的形式。市场决定资源配置是市场经济的一般规律,市场经济本质上就是市场决定资源配置的经济。社会主义市场经济的一个重要规定性就是这个经济体制首先是市场体制。健全社会主义市场经济体制必须遵循市场决

定资源配置规律，着力完善市场体系，着力激发和调动市场主体的积极性和创造性。作出"使市场在资源配置中起决定性作用"的定位，有利于在全党全社会树立关于政府和市场关系的正确观念，有利于转变经济发展方式，有利于转变政府职能，有利于抑制消极腐败现象。

市场配置资源是最有效率的资源配置方式，但有时也会产生市场失灵现象，从而影响经济健康可持续发展。比如，市场配置资源的前提条件下所产生的收入与财富分配不公、外部负效应、垄断、失业、公共产品供给不足和区域发展不平衡等问题都会影响经济健康可持续发展。社会主义市场经济的另一个重要规定性就是社会主义市场经济是社会主义经济，因此，我们仍然要坚持发挥社会主义制度的优越性，发挥宏观调控在弥补市场失灵方面的积极作用。市场在资源配置中起决定性作用，并不是起全部作用。发展社会主义市场经济，也要发挥政府作用，但市场作用和政府作用的职能是不同的。政府的职责和作用主要是保持宏观经济稳定，加强和优化公共服务，保障公平竞争，加强市场监管，维护市场秩序，推动经济可持续发展，促进共同富裕，弥补市场配置资源上的不足。

市场的作用和政府的作用，是社会主义市场经济体制"一体"的"两翼"，发挥市场在资源配置中的决定性作用和更好发挥政府的作用，两者不可偏废。

二、以供给侧结构性改革促进供给与需求的协调均衡发展

供给和需求的关系是市场经济的基本关系，供给和需求之间的矛盾是经济发展中的主要矛盾。随着经济发展阶段的变化，这个主要矛盾的具体内涵也会发生变化。我国 40 年的改革开放历程，实际上也是一个逐渐增加总供给，满足人民群众物质文化生活需求的过程。自 2008 年爆发金融危机以来，总体上的供不应求转变为供过于求。特别是党的

十八大以来，我国供给和需求的关系发生了重大变化，供求结构不平衡成为经济发展的主要矛盾。

2015年11月的中央财经领导小组第十一次会议上，习近平总书记首次提出供给侧结构性改革。他强调，在适度扩大总需求的同时，要着力加强供给侧结构性改革，着力提高供给体系质量和效率，增强经济持续增长动力，推动我国社会生产力水平实现整体跃升。习近平总书记在2015年12月召开的中央经济工作会议上进一步提出，推进供给侧结构性改革是适应和引领经济发展新常态的重大创新，是适应国际金融危机发生后综合国力竞争新形势的主动选择，是适应我国经济发展新常态的必然要求；并明确要抓好去产能、去库存、去杠杆、降成本、补短板五大任务。"十三五"规划纲要明确了供给侧结构性改革是"十三五"时期发展主线。2016年12月召开的中央经济工作会议进一步提出，要在深入推进"三去一降一补"的基础上，深入推进农业供给侧结构性改革，着力振兴实体经济，促进房地产市场平稳健康发展。近年来，围绕供给侧结构性改革主线，一系列重大政策举措密集出台，有效促进了经济趋稳向好、结构优化升级和发展质量提升，改革成效不断显现。推进供给侧结构性改革，为我国经济持续健康发展提供了源源不断的强大动力。

随着供给侧结构性改革的不断深入，外溢正效应不断显现。一方面，供给侧结构性改革扎实推进减少了低端供给和无效供给，产能过剩行业市场加速出清，市场供求关系明显改善，企业经营状况好转，效益回升。2017年，在淘汰水泥、平板玻璃等落后产能基础上，退出钢铁产能1.7亿吨以上、煤炭产能8亿吨，安置分流职工110多万人。2018年，原计划压减钢铁产能3000万吨左右，实际完成3500万吨以上，原计划退出煤炭产能1.5亿吨左右，实际完成2.7亿吨。从2017年和2018年的钢铁行业企业效益情况看，去产能有效提高了钢铁企业的效益，钢铁供给质量明显提升。另一方面，供给侧结构性改革扩大了中高端供给和有效供给，推动新技术新产业新产品不断涌现，为经济持续健康发展注入了新的动力，有力支撑了市场需求升级和宏观经济企稳。2016年，我国经济实现6.7%的增长，2017年实现6.9%的增长，2018年比上年增长6.6%。我国经济持续保持中高速增长，供给侧结构性改革功不可没。

三、持续深化"放管服"改革

发挥市场在资源配置中的决定性作用，调动市场主体的积极性，必须破除要素市场化配置障碍，降低制度性交易成本。党的十八大以来，持续深化"放管服"改革，加快转变政府职能，减少微观管理、直接干预，有效解决了长期存在的重审批、轻监管、弱服务问题。从党的十八大到党的十九大这五年间，国务院部门行政审批事项削减44%，非行政许可审批彻底终结，中央政府层面核准的企业投资项目减少90%，行政审批中介服务事项压减74%，职业资格许可和认定大幅减少。中央政府定价项目缩减80%，地方政府定价项目缩减50%以上。全面改革工商登记、注册资本等商事制度，企业开办时间缩短1/3以上。创新和加强事中事后监管，实行"双随机、一公开"，随机抽取检查人员和检查对象，及时公开查处结果，提高了监管效能和公正性。推行"互联网＋政务服务"，实施一站式服务等举措。营商环境持续改善，市场活力明显增强，群众办事更加便利。

第二节
坚持和完善公有制为主体、多种所有制经济共同发展的基本经济制度

坚持和完善公有制为主体、多种所有制经济共同发展的基本经济制度，关系到巩固和发展中国特色社会主义制度的重要支柱。改革开放以来，中国所有制结构逐步调整，公有制经济和非公有制经济在发展经济、促进就业等方面的比重不断变化，增强了经济社会发展活力。在这种情况下，如何更好地体现和坚持公有制经济主体地位，进一步探索基本经济制度的有效实现形式，是摆在党和政府面前的一个重大课题。

一、毫不动摇地巩固和发展公有制经济

毫不动摇地巩固和发展公有制经济，就是要毫不动摇地坚持公有制主体地位，发挥国有经济主导地位，不断增强国有经济活力、控制力、影响力。党的十五大以来，我国积极探索发展混合所有制经济，国有资本、集体资本、非公有资本等交叉持股、相互融合的混合所有制经济是基本经济制度的重要实现形式。发展混合所有制经济是新时代坚持公有制主体地位，增强国有经济活力、控制力、影响力的一个有效途径和必然选择。

在具体措施上，巩固和发展公有制经济主要体现在完善国有资产管理体制；以管资本为主，加强国有资产监管；改革国有资本授权经营体制。国有资本投资运营要服务于国家战略目标，更多投向关系国家安全、国民经济命脉的重要行业和关键领域，重点提供公共服务，发展重

要前瞻性战略性产业，保护生态环境，支持科技进步，保障国家安全；划转部分国有资本充实社会保障基金；提高国有资本收益上缴公共财政比例，更多用于保障和改善民生。

党的十八大以来，在以习近平同志为核心的党中央坚强领导下，按照党中央、国务院的决策部署，各级国资委和中央企业深入学习习近平新时代中国特色社会主义思想，不断改革创新、攻坚克难，各项工作取得了显著成绩。

党的十八大以来，国有经济为国家经济社会发展作出了重大贡献。截至2017年年底，中央企业资产总额达54.5万亿元，比2012年年底增长73.8%；2013年至2017年累计实现利润总额6.5万亿元，比上一个五年增长27%；五年上交费税10万亿元，比上一个五年增长41.4%；48家中央企业进入《财富》世界500强。2018年，中央企业累计实现营业收入29.1万亿元，同比增长10.1%；实现利润总额1.7万亿元，同比增长16.7%；实现净利润1.2万亿元，同比增长15.7%；归属于母公司所有者的净利润6100.1亿元，同比增长17.6%。国有企业在保持自身持续健康发展的同时，为经济社会发展作出了积极贡献：在神舟飞船、空间站、蛟龙号、大飞机、高铁、特高压、华龙一号等重大项目上取得了重大进展，在抗击重大自然灾害、推进脱贫攻坚、参与民生工程等诸多方面积极承担社会责任，充分发挥了国有企业应有的作用。

党的十八大以来，坚持中央企业市场经济改革方向，发展活力不断增强。国有企业改革"1+N"文件体系基本制定完成，"十项改革"试点梯次展开；完成中央企业功能界定分类，探索开展分类考核、差异化薪酬分配；现代企业制度不断健全，中央企业集团层面基本完成公司制改革，各级子企业改制面达到97.8%，绝大部分中央企业建立规范董事会；混合所有制改革稳妥实施，员工持股试点有序展开，中央企业中混合所有制企业数超过2/3，上市公司资产占比超过63%；企业内部三项制度改革进一步深化，市场化用工机制逐步形成；解决历史遗留问题取得明显进展，"三供一业"分离移交全面展开。

党的十八大以来，中央企业发展质量和效益持续提升，迈向高质量发展的基础正在形成。国有资本布局不断优化，截至2018年年底，共完成了20组38家企业重组，中央企业由117家调整为96家；国有资本经营预算不断完善，设立了国有企业结构调整基金、国有资本风险投资基金等；中央企业"瘦身健体"工作扎实推进，截至2018年年底，1900多家"僵尸企业"和特困企业得到了有效处置和出清，纳入专项工作范围的企业全部完成了整治工作，比2015年减亏了2000多亿，化解煤炭产能7460多万吨，重组煤炭产能超过1亿吨；中央企业科技创新取得明显进展，研发经费约占全国的1/4，获得国家科技奖励约占全国的1/3；中央企业国际化经营迈出新步伐，积极参与"一带一路"建设，在基础设施建设、能源资源开发、国际产能合作等领域承担了一大批具有示范带动性的重大工程和标志性工程。

二、毫不动摇地鼓励、支持、引导非公有制经济发展

坚持和完善基本经济制度必须坚持"两个毫不动摇"。党的十五大把公有制为主体、多种所有制经济共同发展确立为我国的基本经济制度，明确提出非公有制经济是我国社会主义市场经济的重要组成部分。党的十六大提出毫不动摇地巩固和发展公有制经济，毫不动摇地鼓励、支持和引导非公有制经济发展。党的十八大进一步提出保证各种所有制经济依法平等使用生产要素，公平参与市场竞争，同等受到法律保护。党的十八届三中全会提出，公有制经济和非公有制经济都是社会主义市场经济的重要组成部分，都是我国经济社会发展的重要基础；公有制经济财产权不可侵犯，非公有制经济财产权同样不可侵犯。党的十八届四中全会提出健全以公平为核心原则的产权保护制度，加强对各种所有制

经济组织和自然人财产权的保护，清理有违公平的法律法规条款。党的十八届五中全会强调鼓励民营企业依法进入更多领域，引入非国有资本参与国有企业改革，更好地激发非公有制经济活力和创造力。

2016年，习近平总书记在全国政协民建、工商联界委员联组会上发表《毫不动摇坚持我国基本经济制度 推动各种所有制经济健康发展》的重要讲话，提出了"三个没有变"，即非公有制经济在我国经济社会发展中的地位和作用没有变，鼓励、支持、引导非公有制经济发展的方针政策没有变，致力于为非公有制经济发展营造良好环境和提供更多机会的方针政策没有变。党的十九大报告中又重申了"两个毫不动摇"，并就鼓励支持民营经济发展作出新的重大论断。可见，党和国家对非公有制经济发展鼓励、支持和引导的政策是一贯的，并且是不断加强的。

截至2017年年底，我国民营企业超2700万家；非公有制经济税收贡献率超过50%，国民生产总值、固定资产投资、对外直接投资贡献率均超过60%，高新技术企业占比超过70%，城镇就业占比超过80%，对新增就业贡献率达到90%。非公有制经济已成为我国经济社会发展的重要力量和重要基础。

第三节
财税体制改革取得新进展

财政是国家治理的基础和重要支柱。优化资源配置、维护市场统一、促进社会公平、实现国家长治久安并称为财政的四大功能。随着中国特色社会主义进入新时代，旧有财税体制已经不能完全适应合理划分中央和地方事权、完善国家治理的客观要求，不能完全适应转变经济发展方式、促进经济社会持续健康发展的现实需要。党的十八届三中全会明确财税体制改革是经济体制改革的重点内容之一，主要涉及改进预算管理制度、完善税收制度、建立事权和支出责任相适应的制度等。

一、改进预算管理制度成效显著

现代社会中，无论是个人、家庭，还是企业、政府，几乎所有的活动都会表现为资金或资本的收入和支出。所谓预算管理，就是对未来一个时期的收入和支出的计划和安排。国家预算管理制度是国家在组织预算收入和支出活动中，划分国家同企业、事业单位之间，中央政府和地方政府之间，上级政府和下级政府之间，在预算管理方面的职责、权限、预算收支范围以及组织原则、管理方式和机构设置的制度。党的十八届三中全会明确改进预算管理制度的目标是实施全面规范、公开透明的预算制度。

预算管理制度改革是本轮财税体制改革推进最快、成效最为显著的领域，现代预算管理制度基本框架已初步搭建。其中，最重要的进展是2015年正式实施了新修订的《中华人民共和国预算法》。经过不断努力，阶段性效果已开始显现。主要体现在：现代预算管理制度的基本理念得以确立；以"四本预算"构建的全口径政府预算体系得以建立，预决算公开透明取得一定成效；地方政府债务管理及风险预警制度正在建立健全；多项具体制度改革有序推进。

二、完善税收制度稳步推进

税收是一个国家财政收入最重要的来源。税收制度是国家以法律或法规的形式确定的各种征税方法的总称，是政府税务机关向纳税人征税的法律依据，也是纳税人履行纳税义务的法律规范。党的十八届三中全会确定的完善税收制度的目标是建立公平统一、调节有力的现代税收制度。完善税收制度的主要内容包括启动增值税、消费税、资源税、环境保护税、个人所得税、房地产税六个税种的改革；配合相关改革，修订税收征管法。截至2018年上半年，增值税、资源税改革任务进展明显，环境保护税立法已完成并已经实施，消费税改革部分启动，税收征管体制改革已启动，个人所得税、房地产税处于改革方案设计完善阶段。

2013年至2017年，中国政府通过实施营改增累计减税超过2万亿元。按照党中央、国务院部署，为进一步完善税制，支持制造业、小微企业等实体经济发展，持续为市场主体减负，国务院对增值税作出增值税改革。从2018年5月1日起，将制造业等行业增值税税率由17%降至16%，将交通运输、建筑、基础电信服务等行业及农产品等货物的增值税税率由11%降至10%，预计全年可减税2400亿元；统一增值税小规模纳税人标准，将工业企业和商业企业小规模纳税人的年销售额标准由50万元和80万元上调至500万元，并在一定期限内允许已登记为一般纳税人的企业转登记为小规模纳税人，让更多企业享受按较低征收率计税的优惠；对装备制造等先进制造业、研发等现代服务业符合条件的企业和电网企业在一定时期内未抵扣完的进项税额予以一次性退还。实施上述三项措施，全年将减轻市场主体税负超过4000亿元，内外资企业都将同等受益。

三、事权和支出责任相适应的制度建设不断推进

财政事权是一级政府应承担的运用财政资金提供基本公共服务的任务和职责，支出责任是政府履行财政事权的支出义务和保障。党的十八大和十八届三中、四中、五中全会明确提出要建立事权和支出责任相适应的制度，适度加强中央事权和支出责任，推进各级政府事权规范化法律化。

党的十八大以来，中央与地方事权、支出责任划分以及收入划分工作不断推进。一是公布了《全面推行营改增试点后调整中央与地方增值税收入划分过渡方案》，明确自 2016 年 5 月 1 日起，该方案作为未来 2 至 3 年的过渡方案；以 2014 年为基数，采取增值税增量五五分成的方式重新划分中央和地方收入。这是弥补营改增后地方财力以及兼顾中央和地方利益的过渡性举措。二是 2016 年 8 月，国务院发布了《关于推进中央与地方财政事权和支出责任划分改革的指导意见》，在将事权与支出责任聚焦于财政事权和支出责任的前提下，主要推进中央与地方财政体制改革。三是 2018 年 2 月，国务院办公厅印发了《基本公共服务领域中央与地方共同财政事权和支出责任划分改革方案》，将由中央与地方共同承担支出责任、涉及人民群众基本生活和发展需要的义务教育、学生资助等基本公共服务事项列入中央与地方共同财政事权范围。同时，制定基本公共服务保障国家基础标准；明确中央与地方分担比例，根据不同地区财力状况，中央分担比例简化归并为五档；设立共同财政事权分类分档转移支付，对共同财政事权基本公共服务事项予以优先保障。方案的出台，有利于明确基本公共服务事项政府间职责，提高基本公共服务的保障水平，推进基本公共服务均等化，并为后续分领域财政事权和支出责任划分改革提供引领。

习近平总书记在党的十九大报告中对我国社会主义现代化新征程作出了新的战略安排：到 2020 年，全面建成小康社会；到 2035 年，基本实现社会主义现代化；到 21 世纪中叶，把我国建成富强民主文明和谐美丽的社会主义现代化强国。在这一战略安排中，加快完善社会主义市场经济体制是一项重要内容，成为新时代进一步深化经济体制改革的基本遵循。

第二章

经济保持中高速增长

　　坚持以经济建设为中心,是中国共产党在社会主义初级阶段基本路线的"基石"和"灵魂",也是我国经济社会发展的一条主线,关乎国家的兴旺发达和长治久安。经济发展的水平、速度以及质量不仅关系到我国"两个一百年"奋斗目标以及社会主义现代化强国的实现,而且还直接关系到广大人民群众的生活质量、幸福感和获得感的实现程度。

　　改革开放以来,中国共产党坚持解放思想、实事求是的思想路线,立足世界发展大势,科学判断我国社会发展所处的时代方位,审时度势,把握机遇,锐意改革,坚持开放,带领全国各族人民砥砺进取,攻坚克难,有效地化解了我国社会发展中面临的各类突出矛盾和巨大风险,推动中国特色社会主义焕发出强大生机活力,也使我国经济社会发展和各项事业取得了骄人成就。我国逐步摆脱贫穷落后,走向繁荣富强,迎来了由"站起来""富起来"到"强起来"的伟大飞跃,开辟了中国特色社会主义新时代。

第一节
国内生产总值稳居世界第二

国内生产总值（GDP），通常被认为是衡量国家总体经济实力的最佳指标，是指在一定时期内，一个国家（或地区）所有常驻机构单位所生产出的全部最终产品和劳务的价值总量。

通常情况下，一个国家（或地区）在一定时期（一年或一个季度或一个月）生产的最终产品和劳务有成千上万种，这成千上万种最终产品和劳务也各有一个具体的数量，各种数量的最终产品和劳务的总和构成这个国家（或地区）一定时期的物质财富总量，也叫作经济总量。在进行经济总量统计的时候，需要将这些林林总总的最终产品和劳务按照货币价值进行综合计算，最后统计出来一个用货币表示的数量。比如，在中国就会有一个用人民币表示的国内生产总值。根据中华人民共和国国家统计局的核算，2017年全年国内生产总值为827122亿元，就是在2017年当中全国生产的最终产品和产生的劳务的货币表示。

在比较不同国家和地区的国内生产总值的时候，再统一用一个更具有代表性的货币根据汇率进行折算。比如，在比较2017年中国和美国的国内生产总值时，可以将用人民币表示的中国的国内生产总值827122亿元人民币折算成122377亿美元。相对于美国2017年的国内生产总值193906亿美元，中国的国内生产总值为美国的63%左右。这样就可以在不同国家和地区之间进行经济总量的比较了。人们通常所说的中国是世界第二大经济体，指的就是国内生产总值这个指标。

改革开放以来，虽然我国经济发展中遭受如亚洲金融危机、美国次贷金融危机等区域性和全球性金融危机与风险的影响，但得益于我国强有力的国家宏观调控以及广大人民群众的努力奋斗，我国经济并未出现大的波折，而实现了"软着陆"，经济平稳发展，增长势头良好，经济社会发展取得突破性进展。正如2017年9月，中国国家主席习近平出席金砖国家工商论坛开幕式上指出的："改革开放近40年来，在中国共产党领导下，中国人民凭着一股逢山开路、遇水架桥的闯劲，凭着一股滴水穿石的韧劲，成功走出一条中国特色社会主义道路。我们遇到过困难，我们遇到过挑战，但我们不懈奋斗、与时俱进，用勤劳、勇敢、智慧书写着当代中国发展进步的故事。"

国家统计局有关资料显示，截至2012年，我国的经济总量已由1978年的3678.7亿元提升至2012年的538580亿元，增长了145倍。在此期间，我国GDP年均增长率达9.8%，远高于同期世界经济平均增速，在经济高速增长的时间长度以及速度上都远高于历史上起飞时期的日本和韩国。2014年，我国GDP总量已达64万亿元，成为继美国之后世界第二个"10万亿美元俱乐部"成员，创造了人类经济发展史上的"奇迹"。在世界排名中，1978年我国经济总量位列世界第十位；2005年超过意大利，位列第六位；2006年超过英国，跃居第四位；2008年超过德国，居第三位；2010年超过日本，成为仅次于美国的世界第二大经济体；2012年保持世界第二位，经济总量已占世界总量的11.5%。

与此同时，我国经济总量走上新台阶的速度也越来越快。据相关资料显示，我国经济总量由1978年的3678.7亿元上升至1986年的1万亿元用时8年，从1986年的1万亿元到1991年的2万亿元用时5

年，而后平均每年增长量近 1 万亿元，到 2000 年经济总量超 10 万亿元。2002 年至 2006 年平均每年增长 2 万亿元，到 2006 年超 20 万亿元。之后每两年增长 10 万亿元，2012 年已近 54 万亿元。尤其是 2008 年国际金融危机爆发后，我国已成为世界经济复苏的重要引擎。2008 年至 2012 年，我国对世界经济增长的年均贡献率已超过 20%。

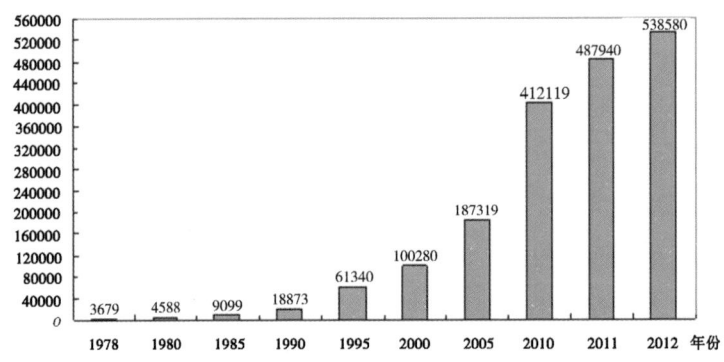

1978 年至 2012 年国内生产总值示意图（单位：亿元）

党的十八大以来，面对极其错综复杂的国内外形势，以习近平同志为核心的党中央团结带领全国各族人民砥砺前行，统筹推进"五位一体"总体布局，协调推进"四个全面"战略布局，改革开放和社会主义现代化建设全面开创新局面，经济运行稳中有进、稳中向好，经济保持中高速增长。有关资料显示，截至 2017 年年底，我国国内生产总值已达 82.7 万亿元，折合 12.24 万亿美元，占世界经济总量的 15% 左右，比 2012 年提高 3 个百分点以上，稳居世界第二位。2013 年至 2017 年，我国经济增长速度分别为 7.8%、7.3%、6.9%、6.7%、6.9%，年均增长 7.1%。虽然与以往 9.8% 的高速年均增长率比较而言有些差距，但这个平均增长率仍高于同期世界 2.6% 和发展中经济体 4% 的平均增长率；2013 年至 2017 年，我国对世界经济增长的平均贡献超过 30%，超过美国、欧元区和日本贡献率的总和，稳居世界第一位。2018 年国内生产总值 900309 亿元，比上年增长 6.6%，继续保持平稳较快发展。

2013 年至 2018 年国内生产总值及其增长速度示意图

　　随着经济实力的显著提升，中国在国际上的影响力和国际地位也在迅速抬升。中国的发展已聚集了来自世界各国的关注的目光，中国已成为世界经济发展中最为璀璨的明星。"我们比历史上任何时期都更接近、更有信心和能力实现中华民族伟大复兴的目标。"我们有理由相信，在以习近平同志为核心的党中央坚强领导下，在习近平新时代中国特色社会主义思想的指引和广大人民群众的团结奋斗下，中国经济发展的前景会更加广阔、辉煌。

第二节
人均国内生产总值达到中高收入国家水平

　　人均国内生产总值，又称人均 GDP，通常是指一年中国内生产总值与所属范围内常住人口的比值。其既是国际上通用的衡量一个国家（或地区）宏观经济运行状况的重要指标，也是一个国家（或地区）人民生活水平以及生活质量的重要标尺。

一般来说，国内生产总值是一个国家（或地区）的经济总量指标，而人均国内生产总值反映经济总量的人均占有情况。在比较不同国家和地区人民的生活水平时，人均国内生产总值反映得更加准确。根据世界银行2017年世界人均GDP排名的统计，卢森堡以10万多美元排在第一。我国虽为世界第二大经济体，但由于人口基数大，人均GDP以8827美元排在第70多位，低于世界10714美元的平均水平。美国的GDP总量虽为世界第一，但人均GDP以59532美元排在世界第八。2018年，我国人均GDP为9608美元，排世界第72位。同时，从一个国家（或地区）纵向的历史看，人均GDP的数额则反映该国家（或地区）与自身相比较的人民生活水平的变化。

党的十一届三中全会以来，党和国家实行改革开放伟大战略，将建立和发展社会主义市场经济体制作为国家发展的重要方向，不断推进和统筹城乡、行业、区域改革，完善与经济体制相配套的各类政治、文化、社会、生态等管理体制，积极探索多样化经济发展方式，坚持"和平、合作、共赢"的对外经济发展策略，充分利用国内和国外"两个市场、两种资源"，坚持"走出去"与"引进来"相结合，取得了丰硕成果。尽管我国经济发展起点低，人口基数庞大，但国内生产总值增长速度远远高于世界平均增长速度和发达国家经济增长速度，创造了世界经济史上的"增长奇迹"，从而也推动了我国人均国内生产总值迅速提升，并成功实现了从低收入国家向中等收入国家的跨越。

有资料显示，1978年，我国人均国内生产总值仅为385元。1987年提升为1123元。1992年达2334元。2003年突破万元大关，达到10666元。2007年突破2万元大关，达20494元。2010年则突破3万元大关，达到30808元。2012年达到39874元。而且，人均国内生产总值增长"破万"的周期愈发缩短，增长迅猛。与此同时，人均国民总收入也快速增长，据世界银行数据，我国人均国民总收入 2012 年已达 5680 美元。按照世界银行标准，我国已经由低收入国家跃升至中上等收入国家，这也实现了我国经济社会的历史性跨越式发展。

党的十八大以来，面对复杂多变的国内外发展形势，以习近平同志为核心的党中央准确判断世界局势，把握我国社会发展的重要战略机遇期和我国经济正处于转变发展方式、优化经济结构、转换增长动力的攻关期的大势，坚持和加强党的全面领导，坚持稳中求进工作总基调，坚持新发展理念，促进了经济社会持续健康发展。2016 年，我国人均国内生产总值达 53680 元，扣除价格因素，比 2012 年增长 29%，年均实际增长 6.6%。2017 年人均国内生产总值达 59660 元，扣除价格因素，比 2016 年增长 6.3%。2018 年，我国人均国内生产总值达 64644 元，扣除价格因素，比 2017 年增长 6.1%。2012 年至 2018 年，我国人均国内生产总值由 39874 元上升到 64644 元（折合约 9608 美元），我国已迈入中上收入国家行列。

发展为了人民、发展依靠人民、发展成果由人民共享，提升人民群众的幸福感和生活质量是中国共产党始终秉承的执政理念。当前我国经济总量庞大，发展已迈入"新常态"，实现经济由粗放型向集约型发展转变，由注重增长速度为导向的发展趋势向注重发展质量转变，由注重经济总量提升向注重人均 GDP 增长转变已成为新时代我国经济发展趋势的典型特征。我们既要看到成就，又要看到发展中存在的问题。人民日益增长的美好生活需要和不平衡不充分的发展之间的矛盾已上升为新时代我国社会主要矛盾，经济增速下行、收入差距较大、"中等收入陷阱"等也成为我国经济发展中不可回避的挑战，为此，从当前我国社会发展的实际出发，总结并坚持我们成功的发展经验，坚持以人民为中心的发展观，将提升人民生活质量、满足人民群众对美好生活的需要与推进我国实现平衡发展、充分发展的时代使命相结合，继续推进"四个全面"，统筹"五位一体"发展格局，推进新时代我国经济发展已成为我国新时代经济永续发展的必然要求。我们相信，在以习近平同志为核心的党中央正确领导下，坚持正确的发展思路和路线，中国的经济发展会取得更大的成功。

第三节
新增就业人数稳步增长

就业是国计民生之本，一个国家（或地区）劳动者就业率及就业质量不仅关系到国家经济发展动力和增长速度，而且还直接关乎人民群众的生活水平和质量。改革开放以来，面对我国由计划经济向市场经济、由传统农业社会向现代工业社会、由封闭半封闭向全面对外开放转型的基本格局，党和政府坚持以经济建设为中心，

大力解放和发展社会生产力，立足于人口结构和就业形势的新格局，实行积极的就业政策，努力增加就业岗位和机会，强化政府责任，始终把就业问题摆到十分重要的位置并作为国家保持经济持续健康发展、促进民生改善的优先目标来抓；与此同时，还坚持就业的市场化改革方向，推动发展经济与扩大就业的良性互动，走城乡统筹发展的就业道路。

一方面，探索和促成了多种就业新机制和新形式落地生根。改革开放以来，党和政府不断完善国家宏观调控政策，创新宏观调控方式，千方百计增加就业岗位，保障就业，形成了"劳动者自主择业、市场调节就业、政府促进就业"的就业新机制，推动了就业渠道和方式的多样化和多元化，使劳动者可以在不同所有制、行业、地域和工种间流动，既有效缓解了各行业、产业间的就业压力，又实现了资源的有效配置，提高了劳动生产率。

另一方面，不断构建和完善了我国的就业服务和法律体系。改革开放以来，面对我国经济发展状况和人口变化格局，党和政府在立足我国就业形势的基础上不断探索实现充分就业的各种举措，注重对就业服务和法律体系的构建与完善。就业服务方面，党和政府在全国所有城市和大部分县区都建立起了以公共职业介绍为职能的综合性服务场所，为城乡就业者提供相关就业政策和信息的咨询、职业介绍和就业指导服务，同时还积极推进我国高中职业教育、技术教育发展和各类就业培训，提升待就业者的素质和能力，并在各高校、职业学校引导开设学生就业指导课程，为广大待就业者提供有益指导；就业法律体系方面，我国在20世纪90年代颁布

实施了《中华人民共和国劳动法》,又陆续出台并颁布实施了《中华人民共和国职业教育法》《中华人民共和国劳动合同法》《中华人民共和国就业促进法》和《中华人民共和国劳动争议调解仲裁法》等多种就业法律,不仅有效地规范了就业市场,化解了就业领域的冲突与矛盾,维护了就业的良好秩序,还极大地提升了劳动者的素质和能力,推动了我国经济的高速发展,成为新时期中国特色社会主义经济运行中的突出亮点。

得益于党和政府积极推进就业的有力举措和得当政策,我国就业人口总量实现了跨越式增长。有数据统计,自1978年我国开始实行改革开放至2012年的30多年间,我国就业人员增长了1.9倍,已由1978年的40152万人增加到2012年的76704万人,年均增加约1075万人。2012年,城镇就业人员已达37102万人,城镇登记失业率为4.1%;全国农民工总量为26261万人,比上年增长3.9%。其中,外出农民工16336万人,比上年增长3.0%;本地农民工9925万人,比上年增长5.4%。失业率长期保持较低和稳定水平,农村富余劳动力向非农业转移有序推进。

由于出现国际金融危机、世界经济增量滑坡、世界经济发展形势复杂多变以及我国经济进入"新常态"、增速进入"换挡期",导致增加就业、提升就业质量工作面临着多重矛盾和挑战。党的十八大以来,在以习近平同志为核心的党中央坚强领导下,我国党和政府准确把握国内外经济发展形势和面临的就业难题,坚持新的发展理念,推进供给侧结构性改革，坚持把就业创业放到更加突出的位置，坚定实施"就业优先"和更加积极的就业政策，按照"稳增长、促改革、调结构、惠民生、防风险"的工作思路，着力推动就业结构优化、就业格局转型和就业质量提升，实

现了就业形势总体稳定、稳中向好的态势，推动了就业格局的改善和我国经济社会的持续健康发展。

有数据统计，2012年至2017年全国就业人口分别为76704万、76977万、77253万、77451万、77603万、77640万，年均增长187万人，就业人口总量保持平稳增长态势。其中，城镇就业人数增长5360万，年均增长约1072万人。城镇年末登记失业率分别为4.10%、4.05%、4.09%、4.05%、4.02%、3.90%，呈现出略有下降的趋势。2012年至2016年公共就业服务机构市场求人倍率（招聘人数与求职人数之比）分别为1.08、1.10、1.15、1.10、1.13，稳定保持在1以上，招聘人数与求职人数相仿，人力资源的供求关系保持稳定。2018年，我国失业统计由使用登记失业率改为使用调查失业率，就业和失业数据更加贴近现实。2018年，我国就业人员为77586万人，全年城镇新增就业1361万人，年末全国城镇调查失业率为4.9%。城乡就业结构方面，2012年至2018年，城镇就业人口由37102万人提升至43419万人，乡村就业人口由39602万人下降至34167万人；从2014年起，城镇就业人口数量就超过了乡村就业人口数量，实现了我国城乡就业格局的历史性转变。在产业结构方面，2017年第三产业就业人数已达34872万，比2012年增长7182万；第三产业从业人口比例也已由2012年的36.1%上升为

44.9%，第一、第二产业的从业人口比例也分别从33.6%、30.3%下降至27%和28.1%，呈现出"三二一"的产业就业结构，就业结构与产业结构的协调性明显提高。行业内部就业结构方面，现代服务业就业人员和城镇非私营单位中的装备制造业就业人员增长迅速；就业人员素质也得到明显改善。以2016年为例，高中及以上文化程度农民工所占比重为26.4%，比2012年提高了2.7个百分点。就业保障方面，2016年年末，相比2012年，全国参加城镇职工基本养老保险人员增加了7503万人，参加城镇职工基本医疗保险人员增加了3046万人，参加失业保险人员增加了2864万人，参加工伤保险人员增加了2879万人，参加生育保险人员增加了3022万人，社会保险的覆盖面扩大，发展速度迅速提升。除此之外，劳动关系、企业用工的规范性都得到显著改善。

　　实践证明，改革开放以来，党和政府推行的发展经济、推进社会充分就业的各类举措和政策是得当的、有效的，在实现就业稳定发展、提升就业质量方面所取得的成就也是有目共睹的。但也要看到，面对复杂多变的国内外经济形势，我国待就业人口数量依然庞大，就业压力仍将持续存在，化解就业结构性矛盾、提升就业质量、实现就业资源岗位的优化配置的任务依然繁重。在中国特色社会主义进入新时代的重要历史时刻，让我们更加紧密地团结在以习近平同志为核心的党中央周围，在习近平新时代中国特色社会主义思想的指引下，深入统筹"五位一体"发展格局，坚持"四个全面"重要方针政策，坚持"稳字当先、稳中求进"就业工作总基调，坚定不移地继续推进"就业优先"战略，继续实施更加积极的就业政策，积极探索多样化的就业渠道，以创业带就业，以就业促民生，相信一定能够取得新时代就业攻坚战的伟大胜利。

第四节
居民收入平稳增加

居民收入水平是衡量一个国家（或地区）经济发展质量和程度的重要指标，它不仅取决于一个国家（或地区）的经济总量，也取决于该国家（或地区）所拥有的人口数量，并受到该国家（或地区）基本经济制度、分配制度以及经济运行机制等多种因素的影响。

增加居民收入，实现共同富裕是社会主义的本质要求。改革开放以来，党和国家立足于我国社会主义初级阶段基本国情，以经济建设为中心，大力发展社会生产力，着力推进社会主义市场化改革和管理体制改革，确立和巩固了社会主义市场经济体制，并充分利用世界科技革命

和经济全球化的发展机遇,坚持"走出去"与"引进来"相结合战略,发展外向型经济,极大地推动了我国经济快速发展,使我国经济增长速度和经济总量都取得了前所未有的成就。与此同时,为了切实让广大人民群众分享到经济社会发展所带来的实惠,让广大劳动者过上"有尊严"和"体面"的生活,增强居民的获得感和幸福感,增加居民收入则是必然要求。为此,党和政府依据我国经济社会发展的不同实际和面临的突出问题,立足于我国社会发展大局,在统筹公平与效率良性互动基础上,推进我国基本经济制度和收入分配制度改革,努力实现居民收入增长和经济发展同步、劳动报酬增长和劳动生产率提高同步,真正实现了"发展为了人民、发展依靠人民、发展成果由人民共享"的发展目标,确保了城乡居民收入和财富的快速增长,使我国贫困人口不断减少。

有关数据统计结果显示,改革开放以来,我国城乡居民收入、拥有的财富量和金融资产规模都得到迅速提升。城乡居民收入方面,2012年我国城镇居民人均可支配收入比1978年增长了近71倍,年均增长13.4%,扣除价格因素,年均增长7.4%;农村居民人均纯收入增长了58倍,年均增长12.8%,扣除价格因素,年均增长7.5%。在拥有的财富方面,截至2012年年末,城乡居民人民币储蓄存款余额比1978年年末增长了1896倍,年均增长24.9%。在金融资产规模方面,城镇居民拥有的财产性收入从无到有,2012年占人均全部年收入比重上升到2.6%。

在扶贫工作上，从1978年到2012年，基于我国经济总量不断增长，人均GDP不断抬升和居民收入不断增长实际，我国先后采用过不同的农村贫困人口划分标准，先后出现了1978年标准、2008年标准和2010年标准。依据1978年标准，

1978年全国农村贫困人口约2.5亿，贫困发生率为30.7%。2007年下降为1479万，平均每年脱贫811万。而按照2008年标准，2007年全国农村贫困人口为4320万，2010年下降为2688万，平均每年脱贫544万。按照2010年制定的新扶贫标准，2010年农村贫困人口为16567万，2012年为9899万，贫困发生率仅为10.2%，平均每年脱贫3334万。从这些数据除了看到我国扶贫工作的巨大成就，也能看出我国居民收入水平的不断提高。

党的十八大以来，党和政府在坚持既有的增加居民收入的发展思路基础上，紧紧抓住当前我国经济社会发展所处的战略机遇期，从容应对我国改革发展过程中的风险与挑战，着力推动基于改革创新基础上的理论创新和实践创新。尤其是在以习近平同志为核心的党中央坚强领导下，坚持以人民为中心的发展思想，认真贯彻落实全面建成小康社会的战略目标和方针政策，千方百计增加居民收入，加大收入分配调节力度，努力实现经济增长与居民收入增长的同步，实施精准扶贫战略，打好脱贫攻坚战，着力全面提高社会保障水平，使城乡居民获得新实惠，人民生活实现新改善。

有数据统计，党的十八大以来，我国居民收入迅速提高。2013年，全国居民人均可支配收入为18311元，其中城镇居民人均可支配收入为26955元，农村居民人均纯收入为8896元，城镇居民人均可支配收入和农村居民人均纯收入较2012年分别增长9.7%、12.4%；扣除价格因素，实际增长率分别为7.0%、9.3%。

2014年，全国居民人均可支配收入为20167元，其中城镇居民人均可支配收入为28844元，农村居民人均可支配收入为10489元；扣除价格因素，较2013年实际增长率分别为8.0%、6.8%、9.2%。

2015年，全国居民人均可支配收入为21966元，其中城镇居民人均可支配收入为31195元，农村居民人均可支配收入为11422元；扣除价格因素，较2014年实际增长率分别为7.4%、6.6%、7.5%。

2016年，全国居民人均可支配收入为23821元，其中城镇居民人均可支配收入为33616元，农村居民人均可支配收入为12363元；扣除价格因素，较2015年实际增长率分别为6.3%、5.6%、6.2%。

2017年，全国居民人均可支配收入为25974元，其中城镇居民人均可支配收入为36396元，农村居民人均可支配收入为13432元；扣除价格因素，较2016年实际增长率分别为7.3%、6.5%、7.3%。

2013年至2017年，短短4年间，全国居民人均可支配收入已由18311元提高至25974元，增长了42%。2018年，全国居民人均可支配收入进一步增长到28228元，比2017年增长8.7%；扣除价格因素，实际增长6.5%。其中，城镇居民人均可支配收入为39251元，比上年增长7.8%，扣除价格因素，实际增长5.6%；农村居民人均可支配收入为14617元，比上年增长8.8%，扣除价格因素，实际增长6.6%，扣除价格因素后的实际增长率和我国GDP增长幅度相仿，呈现出了较为稳定的态势。

2013年至2018年全国居民人均可支配收入及实际增长率示意图

与此同时，农村贫困人口也得以迅速减少，我国扶贫工作成效显著。以2010年每人每年2300元的贫困标准（2010年不变价）计算，2018年年末，农村贫困人口已由2013年的8249万减少至1660万，贫困发生率降低至1.7%；在收入方面，贫困地区农村居民人均可支配收入已达10371元。

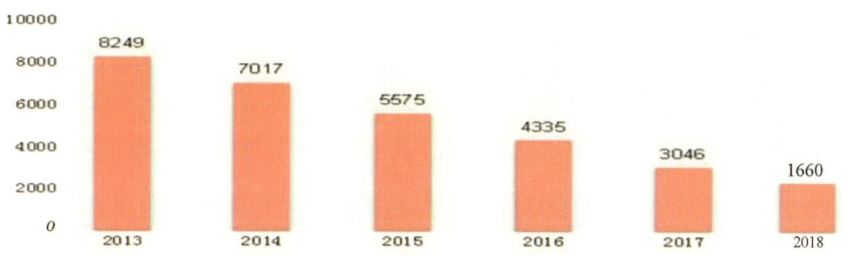

2013年至2018年年末全国农村贫困人口示意图（单位：万人）

总之，党的十八大以来，在习近平新时代中国特色社会主义思想的正确指引下，在党和政府坚持"增进人民福祉、促进人的全面发展、朝着共同富裕方向稳步前进""着力解决收入分配差距较大问题，使发展成果更多更公平惠及全体人民"的工作目标推动下，我国在推动居民收入增长工作中取得的成就是有目共睹的。当前，我国正处在"两个一百年"奋斗目标的历史交汇期、全面建成小康社会的"决胜期"以及我国改革的"攻坚期"和"深水区",继续保持我国经济总量快速提升以及居民收入的高速增长也是我们党和国家发展中面临的重大考验和挑战,更需要加倍努力和勇敢探索。在既有的建设社会主义和发展经济的成功经验基础上,让我们更加紧密地团结在以习近平同志为核心的党中央周围,坚持习近平新时代中国特色社会主义思想的正确指导,坚定中国特色社会主义道路自信、理论自信、制度自信和文化自信,鼓足勇气,撸起袖子加油干,不断汲取有益经验,拓宽居民增收渠道,挖掘居民收入持续增长潜力,相信全面建成小康社会的宏伟目标必将成为现实。

第五节
外向型经济发展迅速

外向型经济是改革开放以来我国经济社会发展的重要特征和内容,也是推动我国经济总量迅速提升的重要动力。其内容不仅涵盖以国际市场为导向、以出口创汇为主要目标的经济活动,还涵盖了在世界范围内进行贸易、资本、技术、劳动力等方面的经济交流活动。一个国家(或地区)外向型经济的发展程度直接反映了该国(或地区)对外开放、融入国际市场、参与国际分工的紧密程度。

改革开放初期,鉴于我国对外经济交流活动有限,国内市场化水平不高,且与国际市场相对隔绝的状况,党和政府科学把握经济全球化发展大势,准确判断了"和平与发展"的时代主题,对中国发展与世界的关系作出了全面的总结和深刻的反思,得出"中国发展离不开世界"

的科学结论，并确立了改革开放的基本国策。改革开放以来，通过发展外向型经济建立和发展社会主义市场经济体制，坚持"引进来"与"走出去"相结合，积极融入世界市场，参与国际分工，顺应经济全球化发展潮流已成为我

国经济社会发展的重要特征。我国党和政府充分发挥资源、劳动力等要素优势和巨大的潜在市场优势，积极推进对外贸易，吸引国际直接投资。充分利用外资促使我国外向型经济迅速发展，我国对外贸易总量不断攀升，引进外资与对外投资活动日益频繁，这对我国世界贸易大国地位的确立和国家 GDP 总量的迅猛增长起到了不可替代的推动作用。

有资料显示，在对外贸易总量上，1978 年至 2012 年我国货物进出口总额由 206 亿美元一跃上升为 38671 亿美元，30 多年间增长了 186 倍，年均增长率高达 16.6%。如今，我国已成为世界第一贸易大国。在增长幅度上，1988 年我国货物进出口总额突破 1000 亿美元，1994 年突破 2000 亿美元，1997 年突破 3000 亿美元，2004 年又突破了 1 万亿美元大关，增长速度十分惊人。

在货物进出口方面，有资料显示，2012 年，我国货物出口总额为 20487 亿美元，相较于 1978 年增长了 209 倍，年均增长率高达 17.0%；货物进口总额已达 18184 亿美元，较 1978 年增长了近 166 倍，年均增长率也已达到 16.2%。在引进外资与对外投资方面，1979 年至 2012 年，实际使用外商直接投资规模高达 12761 亿美元，而 1984 年至 2012 年更

是以年均 18.0% 的速度增长，自 1993 年开始我国已连续多年成为吸收外商直接投资最多的发展中国家；在对外直接投资方面，近些年中国对外直接投资也得到迅速提升，如 2007 年至 2012 年，对外投资规模已从 265 亿美元快速提高到 878 亿美元，总量增长了 2.3 倍。

2008 年世界金融危机爆发后，世界经济不景气，复苏缓慢曲折，发展疲软无力，以及经济发展正处于"深度调整期"；国内而言，国内经济正步入新常态，处于发展结构"调整期"和经济增长"换挡期"，我国改革正处于"深水区"和"攻坚期"，社会转型压力增大，经济发展面临的确定性和不确定性影响因素不断增多，发展经济的困难和阻力不断加大。面临此种复杂严峻的国内外形势，在以习近平同志为核心的党中央坚强领导下，在习近平新时代中国特色社会主义思想的正确指引下，我国党和政府坚定对外开放基本国策，坚持外向型经济发展方向，将"引进来"与"走出去"紧密结合，不断依据我国发展的具体实际调整发展策略，实施更加积极主动的对外开放战略。在"新常态"形势下，中国经济与世界经济深入互动交流，对外贸易稳步增长，双向投资平稳发展，共同推进着我国经济迅速发展。

有数据统计，2013 年至 2018 年，虽然我国外向型经济发展受国际经济形势的影响出现了轻微波动，但总体上还是呈现了"稳中向好"的态势。在全年货物进出口总额方面，2013 年至 2018 年，已由 258267

亿元增加至305050亿元；全年服务进出口方面（按国际收支口径统计，不含政府服务，下同），2013年至2018年，总额分别为5396亿美元、6043亿美元、7130亿美元、6616亿美元、

6957亿美元、7919亿美元（根据52402亿元折算），总体呈现不断抬升趋势；2013年至2018年全年实际使用外商直接投资金额分别为1176亿美元、1196亿美元、1263亿美元、1260亿美元、1310亿美元、1350亿美元，呈稳步上升态势；2013年至2018年全年对外承包工程业务完成营业额分别为1371亿美元、1424亿美元、1541亿美元、1594亿美元、1686亿美元、1690亿美元，也呈迅速增长态势；此外，2013年至2018年对外直接投资净额分别为1078亿美元、1231亿美元、1457亿美元、1961亿美元、1583亿美元、1298亿美元。

纵观近几年世界发展形势，可以预见，未来一段时间，世界经济形势依旧复杂严峻，经济的不景气仍将持续，世界经济爬坡仍旧艰难进行，世界经济复苏依旧充满各种挑战，发展外向型经济的任务仍然艰巨。我们相信，只要坚持改革开放以来我国发展经济的正确道路，坚持以习近平同志为核心的党中央坚强领导以及习近平新时代中国特色社会主义思想的正确指引，积极适应经济"新常态"发展要求，全面落实新发展理念，坚定"四个意识"，努力推进供给侧结构性改革，扩大"一带一路"建设格局，我们的外向型经济发展体系一定能够取得新突破、新提升、新跃进。

第三章

农业现代化稳步推进

"国以民为本,民以食为天。"我国自古以来就以农业大国著称,农业不仅是我国经济社会发展的传统产业,也是关系我国国计民生的支柱产业,"农业稳则天下安""农业兴则百业兴"。习近平同志指出,农业的根本出路在于现代化。没有农业的现代化,国家的现代化是不全面、不完整、不牢固的。我国农业的发展不仅直接关系到人民的基本生活保障和国家的粮食安全问题,关系到我国第二、第三产业的长足发展,而且也关系到社会稳定和国家的长治久安,意义重大。自党的十一届三中全会作出改革开放的伟大抉择以来,对内改革,对外开放,积极调整我国生产关系中不适应社会发展的体制机制,建设社会主义现代化国家就成为我国党和政府工作的重要目标。其中,农业现代化作为我国国家现代化的基本内容,也成为党和政府推进国家经济发展和社会改革的重要主题及基本方向。40年来,我国党和政府在不断推进农业生产结构和发展方式改革的同时,还不断引进外来先进技术,积极借鉴国外先进生产经验,建立现代农业经营体系。尤其是按照"大农业"思路,培育壮大农业新产业新业态,并促使农业适度向"规模化、组织化、集约化、社会化"方向发展,将走出一条"产出高效、产品安全、资源节约、环境友好"的现代农业发展道路作为发展方向,极大地推动了农业现代化发展。而我国粮食生产持续保持高位水平、城镇化率稳步提升、农业机械化快速发展已成为我国农业现代化稳步推进的典型特征。

第一节
粮食生产持续保持高位水平

"粮稳天下稳,粮足百姓安。"生产粮食,保障粮食安全历来都是我国发展农业的首要目标。改革开放以来,党和政府始终将农业生产放到十分重要的战略地位来抓,不断推进农业产业结构和发展方式的集约化、高效化、现代化改革,积极探索各种有效的粮食生产体制机制,确立了家庭承包经营为基础、统分结合的双层经营体制和现代化的农业生产经营机制,极大地调动了广大农民进行粮食生产的积极性、主动性和创造性;与此同时,还在注重生产经营等方面的技术创新的基础上,创造各种有利条件主动引进外来先进技术与经验,千方百计促进农业生产,增加粮食产量,使我国农业和农村经济发生了翻天覆地的变化。

进入新世纪,党和国家坚持"多予、少取、放活"方针,不断加

强支农惠农政策，全面取消农业税，对种粮农民进行直接补贴，对主要粮食品种实行保护价收购政策，使粮食产量持续稳步增长。农产品产量稳步增长不仅解决了占世界五分之一人口的温饱问题，还为工业发展提供了丰富原料和资源支持，为我国工业化快速推进提供了重要支撑。

有资料显示，1978年至2012年，我国全年粮食产量已由30477万吨上升为58958万吨，增幅高达93.5%。在这期间，我国年粮食产量不仅实现了自2004年至2012年的"九连增"，而且生产量连续6年稳定在5亿吨以上。在人均粮食产量水平方面，我国2012年较1978年增长了37%，更可见我国粮食产量增长的速度之快。

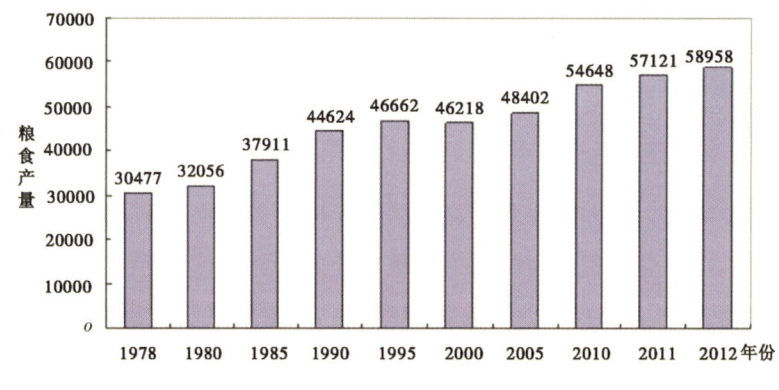

1978年至2012年粮食产量示意图（单位：万吨）

由于2008年以来国际金融危机影响下世界经济体系的不稳定、多变易变因素不断增加，世界经济发展动力疲乏，复苏乏力。且由于受全球农业经济发展不平衡，以及全球自然灾害频发多发等不利因素影响，我国农业发展面临着多方面的严峻挑战。在此种形势下，在以习近平同志为核心的党中央坚强领导下，在习近平新时代中国特色社会主义思想的正确指引下，党和国家统筹我国经济社会"五位一体"发展格局以及"四个全面"发展布局，贯彻和落实新的发展理念，坚持"以人民为中心"，不断推进农村改革，尤其是农业供给侧结构性改革，推进完善强农惠农富农政策体系，尤其是每年"中央一号文件"以及《全国农业现代化规划（2016—2020年）》的出台，使我国农业现代化建设有了更为清晰的发展方向。

2013年"中央一号文件"提出"确保国家粮食安全，保障重要农产品有效供给，始终是发展现代农业的首要任务"，强调"必须毫不放松粮食生产，加快构建现代农业产业体系，着力强化农业物质技术支撑"的工作思路，并提出了稳定发展农业生产、强化农业物质技术装备、提高农产品流通效率、完善农产品市场调控、提升食品安全水平等发展举措。

2014年"中央一号文件"又提出"实施以我为主、立足国内、确保产能、适度进口、科技支撑的国家粮食安全战略"，着力完善粮食等重要农产品价格形成机制，健全农产品市场调控制度，合理利用国际农产品市场，强化农产品质量和食品安全监管等重要举措。

2015年"中央一号文件"又提出"尽快从主要追求产量和依赖资源消耗的粗放经营转到数量质量效益并重、注重提高竞争力、注重农业科技创新、注重可持续的集约发展上来，走产出高效、产品安全、资源节约、环境友好的现代农业发展道路"，强调不断增强粮食生产能力，并相应提出了完善和落实粮食省长负责制、统筹实施全国高标准农田建设总体规划、探索建立粮食生产功能区、深入推进粮食高产创建和绿色增产模式攻关、实施植物保护建设工程以及开展农作物病虫害专业化统防统治等推进举措。

2016年"中央一号文件"又提出"构建现代农业产业体系、生产体系、经营体系,实施藏粮于地、藏粮于技战略",力图从大规模推进高标准农田建设、农田水利建设,强化现代农业科技创新推广体系建设,推进现代种业发展,发挥多种形式农业

适度规模经营引领作用,培育新型职业农民,优化农业生产结构和区域布局,统筹用好国际国内两个市场、两种资源等方面推进农业发展,促进粮食增产增收。

2017年"中央一号文件"沿着既有的农业发展思路和方向,提出"深入推进农业供给侧结构性改革,加快培育农业农村发展新动能"的发展思路,强调"在确保国家粮食安全的基础上,紧紧围绕市场需求变化,以增加农民收入、保障有效供给为主要目标,以提高农业供给质量为主攻方向,以体制改革和机制创新为根本途径,优化农业产业体系、生产体系、经营体系,提高土地产出率、资源利用率、劳动生产率,促进农业农村发展由过度依赖资源消耗、主要满足量的需求,向追求绿色生态可持续、更加注重满足质的需求转变"的发展战略。

除此之外,2016年,国务院还专门编制了《全国农业现代化规划(2016—2020年)》,对农业现代化的发展定位、主线、重点,指导思想和基本原则、目标、发展举措和组织法制保障进行了十分详尽的部署,同时还对增加粮食生产进行了较为系统的发展规划。上述政策和规

划的出台，不仅促进了"三农"问题的大幅度改善，而且还是"农业稳定增长、农民持续增收、农村面貌改善"的生动呈现。

党的十八大以来，党中央、国务院着力加快培育新主体新产业新动能，推进了我国农业生产上的快速发展。特别是提出将保障粮食等重要农产品的基本供给作为农业农村工作的首要任务，实施了新的粮食安全战略，除了对小麦和稻谷继续实施最低收购价政策，还加大了生产粮食的保护补贴和对产粮大县的奖励举措，充分调动了地方政府和广大农民种粮产粮的积极性，使我国粮食生产不断迈上新台阶，农业发展取得历史性突破和举世瞩目的巨大成就。

2013年至2018年，我国粮食总产量总体上呈现"稳中有增"的发展态势。这六年，我国粮食种植面积分别为11591万公顷、11746万公顷、11896万公顷、11923万公顷、11799万公顷、11704万公顷；全年粮食产量分别为63048万吨、63964万吨、66060万吨、66043万吨、66161万吨、65789万吨。虽然自2016年开始，国家实施农业供给侧结构性改革，全国粮食总产量比上年有所下降，但仍保持了较高的产量，呈现出"稳中有进、稳中向好"的发展态势。

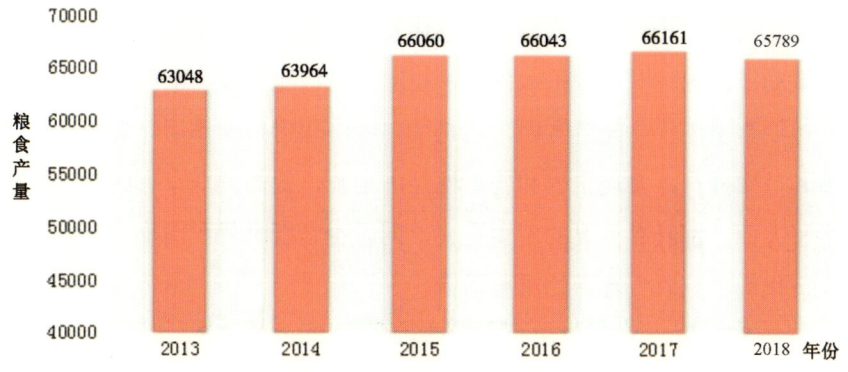

2013年至2018年粮食产量示意图（单位：万吨）

第二节
城镇化率稳步提升

城镇化是由农业为主的传统乡村社会向以工业和服务业为主的现代城市社会逐渐转变的历史过程,具体包括人口职业的转变、产业结构的转变和土地及地域空间的变化等。一个国家(或地区)城镇化水平集中地反映为城镇化率的高低。实现城镇化,推动农村人口向城市转移不仅是世界各国工业进程中的普遍性做法,也是我国走向现代化的必由之路。城镇化发展蕴含着我国最大的内需潜力和发展动能,无论对我国扩大内需,拉动生产性服务业和消费性服务业,促进要素资源优化配置方面,还是增强经济辐射带动作用,促进技术进步和效率提升,实现包容和普惠性经济增长,提高群众享有的公共服务水平方面,都具有重要的现实意义,同时也是新时代我国推进农业现代化,化解"三农"难题的重要举措。

改革开放以来,党和政府从我国人口多、底子薄、发展不平衡、资源相对短缺、发展结构欠合理的社会实际出发,在结合我国经济发展战略以及工业化、现代化和信息化潮流的时代要求的基础上,总结世界先进国家基本经验,不断推动城乡经济体制改革,统筹城乡一体化发展,走出了一条既行之有效又符合我国基本国情的城镇化道路。自1978年党的十一届三中全会作出改革开放的伟大抉择以来，我国便开启了由农村到城市的改革浪潮。我国工业化的迅速展开，使城市对劳动力产生了巨大需求，而对更好的生活条件、更优的发展机会和更高的工资利润的追求也成为广大农民走向城市或城镇的重要动力。因此，推动广大的剩余劳动力向城市转移，实现劳动力资源的优化配置也成为一种重要的自然趋势。

20世纪80年代中期，随着政府"严格控制大城市规模，合理发展中等城市和小城市"方针的提出和实施，我国城镇化得到快速发展。特别是农民工群体更是我国城镇化发展的重要推动力量。党的十四大明确了建立社会主义市场经济体制的总目标，城市作为区域经济社会发展的中心，其地位和作用得到前所未有的重视。

20世纪90年代以来，我国推行的小城镇发展战略的实施、经济开发区的普遍建立以及乡镇企业的兴起，也极大地带动了我国城镇化的高速发展。有统计资料显示，1979年到1991年的12年间，我国共新增加建制城市286个。到1991年年末，城镇人口增加到31203万，比1978年增长80.9%；城市化率达到26.94%，比1978年提高9个百分点。

之后，党的十六大按照既有的发展思路再次明确提出，应走中国特色的城镇化道路，坚持大中小城市和小城镇协调发展，并解除了对大城市的发展限制，即由过去允许农民工进城转变为鼓励支持农民工进城，极大

地推动了城镇化发展。党的十七大又对十六大提出的中国特色城镇化发展道路进行了新的探索，提出要按照"统筹城乡、布局合理、节约土地、功能完善、以大带小"的原则，促进大中小城市和小城镇协调发展。2011年，党和政府根据我国城镇化发展实际，又明确提出"以大城市为依托，以中小城市为重点，逐步形成辐射作用大的城市群，促进大中小城市和小城镇协调发展"的城镇发展思路，打开了我国城镇建设发展的新篇章。

有统计数据显示，截至2013年，城镇常住人口已经由1978年的1.7亿上升为2013年的7.3亿，增长了5.6亿，年均增长1600万；我国城镇化水平已由1978年的17.9%上升到2013年的53.7%，上升了35.8个百分点；城市数量从193个增长至658个；建制镇数量也从2176个增长至20117个，增长了8倍。而随着城镇化和工业化进程的加快，城镇吸纳就业的能力也不断增强。有数据显示，截至2012年，我国城镇就业人员相较于1978年已经有了很大幅度的提升，由1978年占全国就业人数的23.7%上升到2012年占全国就业人数的48.4%。

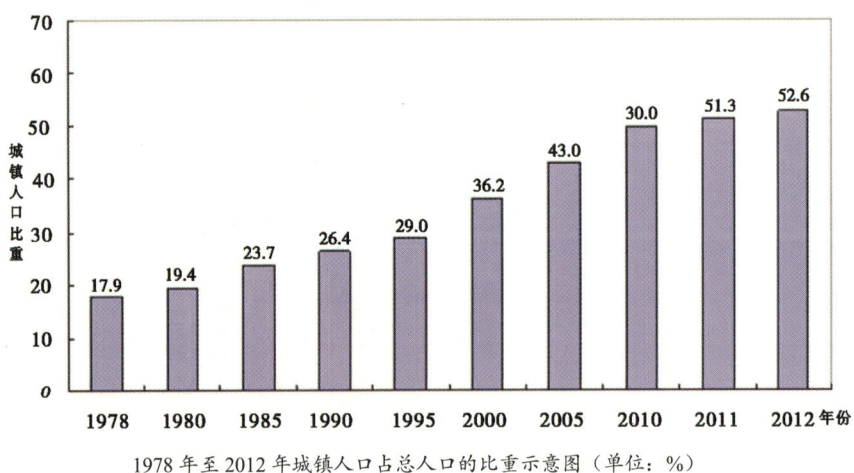

1978年至2012年城镇人口占总人口的比重示意图（单位：%）

党的十八大以来，党和政府立足于我国工业化、信息化和农业现代化加速推进,我国户籍制度改革和居住证制度全面铺开,农业人口市民化进程加快的社会实际,围绕新时代的历史主题,推进"四个全面"战略布局和统筹"五位一体"发展格局,坚持新的发展理念,着力推进农业现代化,化解"三农"问题,就如何深入推进新时代我国城镇化发展道路的问题作了深入探索和部署。围绕这一主题,党的十八大明确提出了"新型城镇化"的概念。2012年中央经济工作会议又进一步将"积极稳妥推进城镇化,着力提高城镇化质量"列为2013年经济工作六大任务之一。党的十八届三中全会明确提出走"中国特色新型城镇化道路"。2014年3月,国家出台《国家新型城镇化规划(2014—2020年)》,对今后一个时期新型城镇化发展作出规划。2016年2月,国务院出台《关于深入推进新型城镇化建设的若干意见》,对新型城镇化道路的基本内涵和推进举措进行了全面阐述。由此,走出一条"以人为本、四化同步、优化布局、生态文明、文化传承"的中国特色新型城镇化道路,已成为新时代我国推进农业现代化的一条主线。

党的十八大以来,为推进新型城镇化发展,党和政府坚持"以人的城镇化为核心,以提高质量为关键,以体制机制改革为动力",并紧紧围绕新型城镇化目标任务,努力加快推进户籍制度改革,提升城市综合承载能力,合理引导人口流动,有序推进农业转移人口市民化,并制定完善户籍、土地、财政、投融资、住房等配套政策,稳步推进城镇基本公共服务常住人口全覆盖,并不断提高

人口素质，促进人的全面发展和社会公平正义，使全体居民共享现代化建设成果，有力地推动了我国新型城镇化发展。尤其是坚持大中小城市和小城镇协调发展，强调发挥国家新型城镇化综合试点作用，解决"三个1亿人"城镇化问题，不断推进全国新型城镇化体制机制创新，实施"一融双新"工程，以促进农民工融入城镇为核心，推动户籍、土地、财政、住房等相关政策和改革，培育新生中小城市和新型城市，瞄准短板，加快突破，优化政策组合，弥补供需缺口等举措，极大地推动了我国城镇化发展步伐，使新型城镇化蕴藏的巨大内需潜力得以充分释放，也为我国经济持续健康发展提供了持久强劲动力。

党的十八大以来，我国新型城镇化呈现出稳步有序发展的态势。中国特色新型城镇化宏伟蓝图逐步绘就，以人为核心的新型城镇化和城乡统筹发展新格局已逐步形成。我国城镇化呈现出不断增长的趋势，有资料统计数据显示，2013年至2018年我国城镇化率分别为53.73%、54.77%、56.10%、57.35%、58.52%、59.58%。相较于2013年，2018年我国城镇化率提高了5.85个百分点。

城镇吸纳就业能力大幅增强，发展质量也在不断提升。截至2018年年底，全国就业人员达77586万人，其中城镇就业人员为43419万人，分别比2013年增加609万人、5179万人；全国农民工总量28836万人，比2013年增加1942万人，其中外出农民工为17266万人，增加了656万人，本地农民工11570万人，增加了1286万人。

随着我国户籍制度改革和居住证制度的全面推行,城乡二元体制逐步破除,农业转移人口市民化的步伐逐步加快,"人的城镇化"成效显著。2013年至2018年,全国人户分离人口分别为2.89亿、2.98亿、2.94亿、2.92亿、2.91亿、2.86亿。

人户分离人口在2014年达到2.98亿的峰值之后开始回落,表明居住地与户口所在地分离状况开始缓解,农村人口城镇化进程加快。2013年至2018年,全国流动人口分别为2.45亿、2.53亿、2.47亿、2.45亿、2.44亿、2.41亿。流动人口数量也是在2014年之后开始减少,这与人户分离人口的变化趋势相一致,验证了农村人口城镇化的变化趋势。这一趋势也可以从城镇常住人口的不断上升得到进一步验证:我国城镇常住人口从2013年的73111万人增加到了2018年的83137万人,增加了1亿多人。从以上这些数据都可以看出,我国"人的城镇化"成效明显。

事实证明,改革开放以来,我国党和政府在推动我国城镇化发展方面的思路与举措是成功的、到位的,我国城镇化发展的成就就是最好的证明。

第三节
农业机械化快速发展

农业机械化，一般指运用先进适用的农业机械装备，改善农业生产经营条件，不断提高农业的生产技术水平和机械使用水平，增强农业生产的经济效益、生态效益的过程，反映了机械在农业

生产中使用的程度。其不仅是现代农业的重要物质技术基础，还是农业现代化的重要内容和标志。加快农业机械化的发展，既是改善农民生产生活状况的需要，也是提高农业劳动生产率的重要措施，对于建成全面小康社会、建设社会主义现代化强国具有十分重要的意义。

改革开放初期，随着我国农村家庭联产承包责任制的推行，传统的计划经济体制下的集体农机站逐步解散，国家对农用机械以及燃油的直接管理开始向农户自主支配阶段过渡。尤其是20世纪80年代初期，国家开始允许农民自主购买和经营农机，农民逐步成为投资和经营农业机械的主体。为适应农业生产组织方式的重大变革，农机工业开始第一轮大规模结构调整，重点生产了适合当时农村小规模经营的小型农机具，如手扶拖拉机、农副产品加工机械、农用运输车等。这些农机有效满足了当时"包产到户"的农业生产要求，推动了我国农业机械化进程。进入20世纪90年代，出于对农村劳动力大量向城市转移，农村季节性

劳力短缺现象的考量,国家有关部委开始组织大规模小麦跨区机收服务,大力推进农业机械化作业形式。特别是联合收割机利用率和经营效益都得到大幅度提高,有效地解决了小农户生产与农机规模化作业之间的矛盾,不仅使

农机工业的重心开始由生产小型农机为主调整为以生产大中型农机为主,为我国农业生产经营走向现代化、规模化和专业化奠定了良好基础,而且逐步探索出了一条既符合中国国情又能够提高农业生产率的中国特色农业机械化发展道路。国家统计局统计数据显示,截至1996年年末,全国农村拥有五种主要农业机械(大中型拖拉机、小型拖拉机、联合收割机、机动脱粒机、农用排灌柴油机)总量2165.77万台。从五种主要农业机械类别来看,大中型拖拉机67.08万台,小型拖拉机918.9万台,联合收割机9.6万台,机动脱粒机660.9万台,农用排灌柴油机已达509.29万台。

进入21世纪以来,在既有的农业机械化基础上,党和政府不断探索农业机械化发展新模式和新规律,形成了一套较为完整的农业机械化发展思路。尤其是2004年颁布的《中华人民共和国农业机械化促进法》,不仅有力地促进了我国农机装备总量持续快速增长,装备结构不断优化,农机社会化服务深入发展,还使得我国农机工业产品结构进一步优化,推动了我国农业向技术含量高、综合性能强的规模化方向发展,开辟了一个农业机械化发展的黄金时期。国家统计局数据显示,截至2006年年末,全国共有大中型拖拉机171.8万台,小型拖拉机1567.9万台,大

中型拖拉机配套农具261.5万台，小型拖拉机配套农具2626.6万台，联合收割机56.6万台，农业机械化发展突飞猛进。

党的十八大以来，面对错综复杂的国内外经济形势和自然灾害多发频发的不利影响，在以习近平同志为核心的党中央坚强领导下，党和国家坚持将"三农"问题作为全党全国工作重中之重，不断深化农村改革，特别是农业供给侧结构性改革，加快培育新型生产经营主体新产业新动能，并着力完善强农惠农富农政策体系。尤其是《国民经济和社会发展第十三个五年规划纲要》《"十三五"国家科技创新规划》《农业科技创新能力条件建设规划（2016—2020年）》《农机装备发展行动方案（2016—2025年）》《农业生产安全保障体系建设规划（2016—2020年）》《全国农机深松整地作业实施规划（2016—2020年）》等农业机械化发展规划和政策相继出台，不仅提出要推进主要农作物生产全程机械化，提升农业技术装备水平，将农业机械化纳入农业现代化重大工程之中，而且还主张加大农机科研、推广、作业补贴和农机安全生产基础设施建设投入。由此我国农业农村发展进入新阶段，极大地改善了"三农"面貌，极大地盘活了农业机械化发展这盘棋，为农村全面小康建设奠定了坚实基础。

在党中央、国务院强农惠农富农政策的推动下，我国农业机械化发展朝着"全程、全面、高产、高效"的方向不断迈进，实现农业生产全程机械化成为我国农业现代化发展的重要标志。我国农业机械化进入了发展新阶段。到2016年年末，全国拖拉机总数为2317万台，耕整机为513万台，旋耕机达825万台，联合收割机114万台，播种机652万台，排灌动力机械1431万台，我国农业机械化水平方面已经达到了普及化的程度。农业部初步统计数据显示，2016年农作物耕种收综合机械化水平达到66%，比2012年提高了9个百分点，这意味着我国向全面农业机械化目标迈出了坚实的一步。在三大主粮作物中，小麦机耕、机播和机收的比重分别达到了 94.5%、82% 和 92.2%；稻谷机耕和机收水平也分别达到了 83.3% 和 80.1%；玉米机耕、机播和机收比重也已经分别达到 73.7%、69.9%、67.1%，这也反映出我国农业机械化水平的普及化程度。

实现农业机械化是历史的必然、时代的要求，也是人民的愿望，反映了我国社会生产力水平不断提高。当前，随着我国现代化、信息化、工业化、城镇化进程加快，农村劳动力结构、农业生产方式正在发生重大变革，农业机械化在农业生产中的地位和作用正不断凸显。虽然我国农业现代化进程中仍旧面临着农业发展科技含量总体不高、农业机械化发展不平衡不充分等多方面挑战，但总体上看，我国农业机械化正处于大有可为的战略机遇期，机遇大于挑战。

第四节
乡村振兴战略聚焦亿万农民美好生活

改革开放以来，我国农村改革取得一系列重大成就，在此基础上，以习近平同志为核心的党中央放眼党和国家事业发展全局，顺应亿万农民对美好生活的向往意愿，提出实施乡村振兴战略。这是在新时代全面深化农村改革的总抓手，是决胜全面建成小康社会、全面建设社会主义现代化国家的重大历史任务。

党的十八大以来，在以习近平同志为核心的党中央坚强领导下，党和国家坚持把解决好"三农"问题作为全党全国工作的重中之重，持续加大强农惠农富农政策力度，扎实推进农业现代化和新农村建设，全面深化农村改革，农业农村发展取得了历史性成就，为党和国家事业全面开创新局面提供了重要支撑。党的十八大以来，粮食生产能力跨上新台阶，农业供给侧结构性改革迈出新步伐，农民收入持续增长，农村民生全面改善，脱贫攻坚战取得决定性进展，农村生态文明建设显著加强，农民获得感显著提升，农村社会稳定和谐。农业农村发展取得的重大成就和"三农"工作积累的丰富经验，为实施乡村振兴战略奠定了良好基础。

党的十九大报告中对实施乡村振兴战略进行了总体战略安排。核心内涵是要坚持农业农村优先发展，按照产业兴旺、生态宜居、乡风文明、治理有效、生活富裕的总要求，建立健全城乡融合发展体制机制和政策体系，加快推进农业农村现代化。

为全面贯彻党的十九大精神，按照党的十九大提出的决胜全面建成小康社会、分两个阶段实现第二个百年奋斗目标的战略安排，2018年2月，中共中央、国务院制定了《关于实施乡村振兴战略的意见》，对乡村振兴战略的目标和任务制定了具体的时间表和路线图：到2020年，乡村振兴取得重要进展，制度框架和政策体系基本形成；到2035年，乡村振兴取得决定性进展，农业农村现代化基本实现；到2050年，乡村全面振兴，农业强、农村美、农民富全面实现。

在中国特色社会主义新时代，乡村是一个可以大有作为的广阔天地，迎来了难得的发展机遇。我们有党的领导的政治优势，有社会主义的制度优势，有亿万农民的创造精神，有强大的经济实力支撑，有历史悠久的农耕文明，有旺盛的市场需求，完全有条件有能力实施乡村振兴战略。

第四章

实体经济结构优化
新业态逐步呈现

　　党的十九大报告明确指出:"必须把发展经济的着力点放在实体经济上。"这是一个能够破解现代经济困局的判断。历史经验表明:西方国家发展到一定阶段,金融业极其发达,资金容易流向易赚快钱的金融业,而金融业的膨胀会加剧制造业的萎缩。中国目前则具有制造业门类齐全、产业链完整的优势。因此,必须避免走向经济虚拟化。一个可行的方略是将互联网、大数据、人工智能等技术与强大的制造业结合,借助信息技术做强做优做大实体经济,形成更强大的创新力和竞争力。

第一节
高端制造业发展迅速

高端制造业是与低端制造业相对应的说法，是工业化发展的高级阶段，是具有高技术含量和高附加值的产业。低端制造业是工业化初期的产物，而高端制造业则是工业化后期和后工业化的产物。高端制造业具有技术先进、知识密集、附加值大、成长性好、带动性强等特征，既是国家综合国力和核心竞争力的重要体现，也是我国未来国民经济发展的主导力量。

党的十八大召开后不久，习总书记便来到辽宁老工业基地考察，强调"要发展集战略性新兴产业和先进制造业于一身的高端装备制造业，培育新兴装备制造产业集群"，大力培育支撑中国制造、中国创造的高技能人才队伍，为发展壮大实体经济多做贡献。2015年5月，国务院印发《中国制造2025》，确定了包括高端装备创新工程在内的我国迈向制造业强国的五大工程。高端装备创新工程任务是组织实施大型飞机、航空发动机及燃气轮机、民用航天、智能绿色列车、节能与新能源汽车、海洋工程装备及高技术船舶、智能电网成套装备、高档数控机床、核电装备、高端诊疗设备等一批创新和产业化专项、重大工程；时间表安排是：到2020年，上述领域实现自主研制及应用；到2025年，自主知识产权高端装备市场占有率大幅提升，核心技术对外依存度明显下降，基础配套能力显著增强，重要领域装备达到国际领先水平。

党的十八大以来，我国高端装备制造业领域取得重大突破，很多技术达到国际先进水平。

一、天上——大型民用客机 C919

我国现代航空工业白手起家,走出了一条从无到有、从小到大的发展之路。大型客机是航空制造的"高端产品",因其技术集成要求高、生产工艺十分复杂等因素,历来是检验一个国家航空制造业综合实力和水平的"试金石"。从 2007 年正式立项,到 2010 年展出样机,再到 2016 年总装下线,十年磨一剑,今朝上重霄。C919 一路走来,见证了我国航空工业自主创新的奋进历程,成为中国制造转型升级、迈向中高端的生动缩影。

让中国的大飞机翱翔蓝天一直是中国人的梦想。2017 年 5 月,我国首款按照最新国际适航标准研制组装的干线客机——喷气式大型客机 C919,在上海浦东国际机场一跃而起,直上

云霄,标志着我国航空工业取得了历史性突破!

2017 年 11 月,C919 飞机从上海浦东机场起飞,经过 2 小时 24 分的飞行,成功抵达西安阎良机场,飞行距离 1300 多公里。从上海浦东成功转场至西安阎良,我国自主设计研制的国产大型客机 C919 首架机顺利完成首次城际飞行。

2018 年 7 月,C919 大型客机 102 架机从上海起飞,顺利完成首次空中远距离转场飞行。开启多地同步试飞模式,意味着 C919 大型客机项目转入了密集研发试飞的新阶段。

研制大型客机是一项庞大的系统工程,不仅需要大量人力物力财力投入,而且需要众多相关产业协同配套。十年间,以上海为龙头,陕

西、四川、江西、辽宁、江苏等22个省市、200多家企业、近20万人共同参与了大型客机项目的研制和生产。正是来自祖国四面八方的技术支持汇聚成强大合力,才成就了C919的完美升空。事实充分说明,充分发挥集中力量办大事的制度优势,我们完全有能力在重点领域和关键环节实现突破创新,在科技创新、产业发展等方面向着更高水平、更高目标不断迈进。

二、路上——"复兴号"中国标准动车组

2017年6月,"复兴号"高铁进入了中国人的日常生活。当时,一段短视频在网上热播——将一枚硬币立在"复兴号"列车的窗边,9分钟内,高铁以300千米的时速飞速行驶,硬币却始终不倒。一位外国朋友不禁赞叹:"既快又舒适,中国高铁已经成为全球高铁的佼佼者!"

2004年,我国铁路建设拉开了"引进、消化、吸收、再创新"的大幕,通过"引进先进技术,联合设计生产,打造中国品牌",用最小的代价、最短的时间,实现我国铁路机车车辆水平的飞跃。2007年,时速200千米的"和谐号"动车组正式投入使用,标志着我国机车车辆工业掌握了高速动车组轻量化车体、高速转向架和列车集成总装等一系列关键技术,为研发"复兴号"等后续产品奠定了基础。

"复兴号"是由中国铁路总公司牵头组织研制、具有中国完全自主知识产权、达到世界先进水平的中国标准动车组。中国标准动车组的

"中国"，意味着高铁从最早的"混血"发展到由内而外都是"纯中国产"。

"复兴号"自主性强。大量采用中国国家标准、行业标准、中国铁路总公司企业标准等技术标准，是"复兴号"最突出的特点。在254项重要标准中，中国标准占84%。更难能可贵的是，"复兴号"整体设计以及车体、转向架、牵引、制动、网络等关键技术都是中国自主研发，具有完全自主知识产权。"复兴号"首发，标志着中国铁路技术装备达到了领跑世界的先进水平。

"复兴号"安全有保障。为确保安全，"复兴号"一路上都有"随行医生"严密监护。它全车部署有2500多项监测点，能对轴承温度、冷却系统温度、制动系统状态、客室环境进行全方位实时监测，随时给列车做"全身体检"。一旦发现列车"身体不适"，就会自动报警或预警，并及时"给药"，自动采取限速或停车措施。"复兴号"的远程数据传输，能使地面实时掌握车辆状态，对列车进行同步监测、远程维护。该动车组主要结构部件能承受设计寿命30年、运行里程1500万千米的最高等级考核，整车运行里程能承受60万千米的考核。

"复兴号"还很舒适。坐在"复兴号"车厢内，乘客不仅可以随意充电连Wi-Fi，还能通过照明控制模式获得不同的光线环境，过隧道或者列车交会时耳朵不舒服的感觉也能减轻不少。这种绝佳的出行体验，在国际上也是一流的！

三、海下——"海翼"号水下滑翔机

同C919与"复兴号"相比，人们对"海翼"号水下滑翔机就陌生一些了。

水下滑翔机是一种新型的水下机器人，通过重心和浮心位置的变化来调整姿态，以获得推进力，能源消耗极小，只在调整净浮力和姿态

角时消耗少量能源，它具有效率高、续航力大（可达上千公里）的特点。虽然水下滑翔机的航行速度较慢，但其制造成本和维护费用低、可重复使用、可大量投放等特点，满足了长时间、大范围海洋探索的需要。水下滑翔机可以搭载各种传感器，可以大范围地观测和获取海水的温度、盐度、浊度、叶绿素、含氧量及洋流变化等信息，对开发海洋资源、预防灾害等都有重要作用。

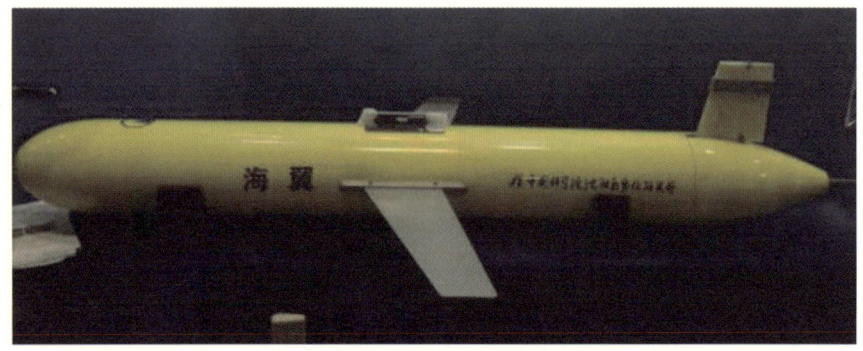

2017年3月，中国自主研发的"海翼"号水下滑翔机在马里亚纳海沟下潜6329米，刷新了水下滑翔机最大下潜深度的世界纪录。"海翼"号是我国自主研制的系列水下滑翔机的统称，按照不同工作深度和承担的不同任务，分为300米级、1000米级和7000米级等多种类型。

"海翼"号7000米级水下滑翔机是中国首台下潜深度超过6000米的水下滑翔机，创造了中国水下滑翔机的最大下潜深度纪录，打破了水下滑翔机下潜深度世界纪录。同时，"海翼"系列滑翔机也是中国深海滑翔机海上作业航程最远、作业时间最长的新纪录的创造者，将此前中国水下滑翔机续航力提升了一倍，使中国成为继美国之后第二个具有跨季度自主移动海洋观测能力的国家，对构建新一代智能移动海洋观测网、提供海洋环境信息保障具有重要意义，对中国深海环境监测、资源勘查等也具有重要意义。

四、海上——造船业"皇冠上的明珠"LNG 船

造船业是现代工业的集大成者,被誉为"综合工业之冠"。我国造船业起步较晚,造船效率低,增长方式粗放,以散货船、油船等常规船型制造为主。进入 21 世纪以来,全球造船行业竞争日趋激烈,一些具备实力的造船企业主动将目光投向中高端市场,造船工业"皇冠上的明珠"——LNG(液化天然气)船,便是重要目标之一。

LNG 船,是国际公认的高技术、高附加值、高难度的"三高"船舶,造价也十分昂贵。长期以来,只有美国、日本、韩国等少数国家的 10 多家船厂能够建造。2004 年,中船集团沪东中华造船有限公司签署了首艘 14.7 万立方米 LNG 船的建造合同,向"皇冠上的明珠"进军。

要实现 LNG 船建造"零的突破",必须先跨过一道道技术难关。为此,沪东中华造船有限公司投入巨资,攻克了超低温液货维护系统、耐超低温液货驳运系统、特殊动力控制系统三大核心技术,自主研制成功了绝缘箱、殷瓦管、泵塔三大核心部件,最终使我国首艘 LNG 船于 2008 年 4 月成功交付,翻开了中国造船史上崭新的一页。

截至 2018 年 7 月,沪东中华造船有限公司已累计交付了 18 艘大型 LNG 船,每年为我国各地运送超过 2500 万吨液化天然气。以 17.4 万立方米 LNG 船为例,其装载的一船液化天然气经再气化后,足以满足一座中等城市一个月的用气量。

五、其他领域重大发展

在可再生能源领域，我国具备成熟的大型水电设计、施工和管理运行能力，自主制造投运了单机容量 80 万千瓦的混流式水轮发电机组。风电关键零部件基本国产化，能够运行 5 兆瓦至 6 兆瓦大型风电设备。光伏电池技术大幅提升，晶硅等新型电池技术转换效率方面创新世界纪录，光伏组件产量达到全球总产量的 70% 左右。

核能利用方面，我国成为世界上少数几个拥有完整核工业体系的国家之一，拥有 36 台运行核电机组、20 台在建核电机组，在建核电机组数量世界第一。

在智能制造领域，我国高性能大型金属构件激光增材制造、分布式控制系统、自动染色成套技术与装备等一批长期以来依赖进口的项目实现突破。我国成功开发了全球首款增材制造开放式一体化控制软件，研制了数字化工厂参考模型等一批关键标准。

第二节
数字经济步入快速发展新阶段

数字经济包括两大部分：一是信息通信产业部分，包括电子信息制造业、电信业、软件和信息技术服务业、互联网行业等；二是数字经济融合部分，即传统产业由于应用数字技术所带来的生产数量、质量和生产效率的提升，其新增产出构成数字经济的重要组成部分。数字经济可以说是企业、消费者和政府等市场参与主体运用数字信息进行交易与连接，达到对经济活动与经济结构优化的赋能效果，其背后仰仗的是互联网、物联网、大数据、云计算以及人工智能等多种技术力量的叠加。随着新一轮信息技术革命的爆发，制造业、消费等领域都在发生"数字蝶变"。

党的十八大以来，以习近平同志为核心的党中央高度重视发展数字经济，推动数字经济逐渐上升为国家战略。2016年10月，在十八届中共中央政治局第三十六次集体学习时，习近平总书记指出，要做大做强数字经济，拓展经济发展新空间。党的十九大报告提出，推动互联网、大数据、人工智能和实体经济深度融合，建设数字中国、智慧社会。2017年12月，十九届中共中央政治局第二次集体学习时，习近平总书记强调，要加快建设数字中国，构建以数据为关键要素的数字经济，推动实体经济和数字经济融合发展。

党的十八大以来，中国数字经济快速发展。2016年，数字经济规模总量达22.58万亿元。2017年，该总量已达到27.2万亿元，位居全球第二。2018年，中国数字经济规模总量达到31.3万亿元，占GDP比重为34.8%。中国的"新四大发明"高铁、网购、支付宝、共享单车，除了高铁，另外三项都是中国数字经济发展成就的缩影。

一、数字信息基础设施水平已居世界前列

信息基础设施是信息交换得以实现的物质基础，主要包括通信管网、无线基站、中继设备、终端设备、各级机房以及相关配套的电源、建筑等设施。数字经济发展离不开数字信息基础设施的有力支撑。

2017年年底，我国三家基础电信企业的固定互联网宽带接入用户总数达3.49亿户，全年净增5133万户。其中，50Mbps及以上接入速率的固定互联网宽带接入用户总数达2.44亿户，占总用户数的70%，占比较上年提高27.4个百分点；100Mbps及以上接入速率的固定互联

网宽带接入用户总数达 1.35 亿户，占总用户数的 39%，占比较上年提高 22.4 个百分点。移动宽带用户（即 3G 和 4G 用户）总数达 11.3 亿户，全年净增 1.91 亿户，占移动电话用户的 79.8%。其中，4G 用户总数达到 9.97 亿户，全年净增 2.27 亿户。2018 年，我国移动电话用户总数达到 15.7 亿户，4G 用户达到 11.7 亿户。我国光纤宽带和手机宽带用户数均居世界第一。

在降费方面，电信用户资费在不断下降，2015 年至 2017 年三年间，宽带用户资费下降了 90%，移动用户资费下降了 38.5%。

二、电子商务发展规模稳居世界首位

随着互联网技术和数字信息基础设施水平的不断提升，不仅人们的生活方式发生了改变，商务模式也发生了改变，电子商务逐渐成为人们必须适应的新的商务交易模式。电子商务有助于提高工作效率，有助于促使商务活动信息化程度不断提高，在企业、市场甚至是国家经济运行中扮演着越来越重要的角色。

近年来，我国电子商务交易额快速增长，从 2011 年的 6 万亿元发展到 2016 年的 20 多万亿元，年均增速近 34%；网上零售额从 2011 年的不足 0.8 万亿元，发展到 2016 年的 5.3 万亿元。国家统计局电子商务交易平台调查数据显示，2017 年全国电子商务交易额达 29.16 万亿元，同比增长 11.7%，其中商品、服务类电商交易额 21.83 万亿元。2018 年全国电子商务交易额为 31.63 万亿元，比 2017 年增长 8.5%，其中商品、服务类电商交易额为 30.61 万亿元。

三、移动支付规模全球领先

手机支付结账已经成为人们日常购物的习惯。中国人民银行数据显示，2016 年中国银行业金融机构共处理移动支付业务达到 257.1 亿笔，

金额达到 157.55 万亿元，同比分别增长 85.8% 和 45.6%；非银行支付机构累计发生网络支付业务 1639.02 亿笔，金额近 99.3 万亿元，同比分别增长 99.5% 和 100.7%。据中国银联调查，2018 年我国手机支付用户规模已达 5.7 亿。如今，在杭州、北京等多个城市，手机移动支付乘坐公交和地铁实现了全覆盖。

四、新模式新业态不断涌现

2016 年，中国在线教育用户规模达 1.38 亿人，较 2015 年年底增长 25%；互联网医疗用户规模达 1.95 亿人，较 2015 年年底增长 28%；网上外卖用户规模达到 2.09 亿人，较 2015 年增长 83.7%；网络约车用户规模达 2.25 亿人，较 2015 年增长 41.7%；在线旅游预订网民规模为 2.99 亿人，年增长率为 15.3%。

第三节
共享经济异军突起

作为我国新经济发展的一张名片,快速发展的共享经济在 2018 年《政府工作报告》中又被点名表扬了:"五年来,创新驱动发展成果丰硕……共享经济等引领世界潮流。"近年来,我国共享经济继续保持高速发展态势,新业态新模式持续涌现,技术创新应用明显加速,在培育经济发展新动能、促进就业方面发挥了重要作用,国际影响力显著提升,成为新时代中国经济转型发展的亮点。

共享经济是模式创新最活跃的领域。依托转型发展的强大需求、网民大国带来的红利、节俭的文化传统等,中国共享经济领域的模式创新应用取得了巨大成就。网约车、在线短租模式引入国内后,在短时间内形成了较大的市场份额,产生了明显的示范带动效应,共享单车、共享充电宝、共享汽车、共享机床等新模式不断涌现,表现出强大的渗透力。

一、共享单车"双寡头垄断"欲行又止

说到共享经济,人们印象最深的莫过于共享单车。"共享单车"一词在近两年迅速蹿红,成为人们日常交流的常用词。共享单车分为有桩单车和无桩单车两种,

有桩单车的出现早于无桩单车。现在，人们谈及共享单车时，主要是指无桩共享单车，更多的是指"摩拜"和"小黄"。

共享单车进入人们的视野也就是在2016年。就在这一年，黄色的"小黄"和橙色的"摩拜"似乎在一夜之间占领了各大城市大街小巷。就在人们惊愕之时，至少有20多个新品牌汹涌入局，其中甚至还包括共享电动自行车品牌，真可谓"忽如一夜春风来，满城都是自行车"。2016年，除了摩拜单车、ofo小黄车，永安行、小鸣单车、小蓝单车、智享单车、北京公共自行车、骑点、奇奇出行、CCbike、7号电单车、黑鸟单车、Hellobike、酷骑单车、1步单车、由你单车、踏踏单车、Funbike单车、悠悠单车、骑呗、熊猫单车、云单车、优拜单车、电电Go单车、小鹿单车、小白单车、快兔出行、绿游共享单车等品牌也纷纷登场。

这样一长串品牌，标志着共享单车市场刚一形成就出现了饱和，就进入了激烈的甚至是惨烈的竞争状态。自然而然地，竞争手段不断升级，"烧钱"运动此起彼伏。截至2016年11月，有多家共享单车获得了大量的风险投资。

随之而来的就是因停放无序、押金不能退还等而引发的社会热议。再随后，2017年6月，悟空单车倒闭，紧随其后的是3Vbike单车、小鸣单车、町町单车、酷骑单车、小蓝单车。

共享单车行业"闪电式"的发展路径,使得行业发展的数据呈现模糊性,目前,几乎没有相关的官方数据统计。2018 年上半年时,市场即将形成"小黄"和"摩拜""双寡头垄断",下半年却风云突起,"小黄"在监管压力下,野蛮生长模式遇到挑战,破产或被收购似乎难以避免。

其实,不管行业竞争态势如何,共享单车在解决"最后一公里"和健康低碳出行等方面仍然具有存在和发展的市场空间,对中国自行车制造业的发展也具有重大意义。我们期待着在卫星定位、智能锁、物联网、大数据、云计算等技术广泛应用的基础上,共享单车企业通过精细化、智能化管理,提升车辆使用效率,使人们可以轻松找到车辆,便捷骑行,持续优化骑行体验。

二、共享机床方兴未艾

关于共享经济新模式,人们最为熟悉的还是以共享单车为标志的共享交通,而对于共享机床,大多数人还没有具体的概念。共享机床作为一种新型"生产端共享"模式,颠覆性地改变了传统的资源配置方式。我们在此为大家介绍沈阳机床股份有限公司在共享机床领域的有益探索,或许你会从中发现我国制造业中实体经济与互联网、大数据、人工智能新技术融合发展的大好前景。

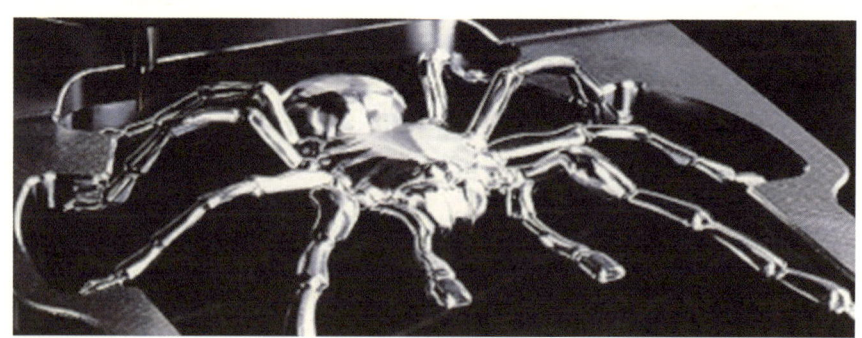

用自主研发的数控机床加工的蜘蛛模型

沈阳机床前身为"一五"期间重点建设项目沈阳机床厂,是新中国第一台普通机床的诞生地。2014年,沈阳机床集团在全球率先推出具有互联网功能的 i5 智能机床（i5是指工业化、信息化、网络化、智能化、集成化）。i5 智能机床作为智能终端,不仅仅是智能加工设备,还能与网络进行互通互联,实时采集加工过程及其他数据,为未来产生工业大数据和实现分级式、分布式、分享式智能制造提供重要基础。

沈阳机床 HS664 高速加工中心"雕"出的第一个鸟巢模型

沈阳机床以 i5 智能机床为依托,逐渐走出了一条从 i5 智能机床产品到智能工厂、从智能工厂到"5D 智造谷"、从"5D 智造谷"到 i5 智能制造生态系统的智能制造新路子。

那么,共享机床是如何被市场认可,以及如何实现共享的呢？

第一,共享机床与机床使用者共同实现价值共享。

按照传统的方式,使用机床的企业购买机床,生产过程中一名工人操作一台机床生产。"共享机床"则通过工业操作系统将 i5 智能机床联网,实现生产、资源、人才、技术、服务等多项内容的共享。使用机床的企业不需要购买机床,而是以"按时间、按工件数量和按价值"方式支付机床使用费用,共享机床提供者与使用者可实现价值共享。

第二,共享机床为使用企业降低了负担。

深圳市有一家制造企业拥有职工 500 余人,接到了一家美国手机供应商的上百万件大订单,如果企业为此购买 500 台机床,按一台机床 20 多万元计算,该企业要一次性付出 1 亿多元。用共享机床,每个月一台机床付5000元到8000元的租金即可，负担大大减轻。不仅如此，企业还在共享平台上找到了所需的技能人才。沈阳机床公司先后派去了两批300多名技术工人，两个多月的时间，订单完成率达106%，产品良品率达100%。尝到甜头的企业与沈阳机床签约，要在企业里建个共享模式下的智能工厂，不仅使企业成为共享机床的受益者，还为其他有需求的企业和创业者提供共享服务。

第三，共享机床实现订单共享。

在湖北十堰"5D智造谷"，共享机床实现了"铁打的共享机床，流水的用户和订单"的真实场景。在这里，9台共享机床三班倒运转，当地的创客们正利用这些机床承接各类订单，机床不闲置，加工量成倍增长。订单好的时候做不完，还可以分享给其他企业，一起快速完成订单。十堰"5D智造谷"计划未来投入i5智能装备500台套。项目投产后，预计可实现年销售收入2亿元，安置就业人员200名。

三、共享经济拉动就业成效显著，助力实现包容性增长

近年来，共享经济发挥了就业蓄水池和社会稳定器的作用。初步估算，2017年我国有超过7亿人参与共享经济活动，比2016年增加1亿人左右；其中参与提供服务者约为7000万人，比2016年增加1000万人。2017年我国共享经济平台企业员工约716万人，比2016年增加131万人，新增人数约占当年城镇新增就业人数（1034万）的12.7%，意味着城镇每100个新增就业人员中，就有约13人是平台企业新雇用员工；而2016年共享经济平台企业新增员工数（85万）占当年城镇新增就业人数（1018万）的比重约仅为8.3%。共享经济对扩大就业的作用进一步凸显。同时，共享经济有力地促进了包容性增长，在解决产能过剩、失业工人再就业以及贫困地区劳动力就业等方面的作用开始显现，对去产能和脱贫攻坚起到积极推动作用。

第四节
大数据推动数据驱动型创新体系及其发展模式

优化产品与服务。2017年,滴滴出行平台为全国400多个城市的4.5亿用户提供了超过74.3亿次的移动出行服务,为出租车司机链接了11亿次出行需求,推出了3000万个推荐上车点,全年节省司乘通话超过21亿次,对15分钟后的出行需求预测准确率超过85%。为应对潮汐效应带来的需求变化,ofo小黄车和摩拜单车分别推出了"奇点"和"魔方"大数据平台,结合地点、时间、单车数量等因素,优化车辆调度,使单车供给最大限度满足用户需求。

保障安全。滴滴出行从"驾驶时长、车速、加速、转弯、刹车"五个维度监测司机驾驶行为,提醒司机减少危险驾驶行为,保障出行安全。数据显示,滴滴平台上发生的交通事故死亡率较传统出租车行业低40%。Wi-Fi万能钥匙自主研发的"安全云感知系统"和"安全隧道保护系统",可以从连接前、连接中、连接后三个阶段为用户提供全方位的安全防护。

智能化辅助决策。名医主刀平台上沉淀了大量医患数据,当患者发起手术预约请求后,平台会根据患者描述,在病例库、术式库和专家库中进行自动匹配,为患者找到合适的专家。微医集团开发的中医辅助诊断系统,在浙江已累计帮助全科医生、基层医生开出170多万个处方,且比过去更加精准。

共享经济发展仍然面临诸多挑战。法律法规不适应、公共数据获取难、统计监测体系亟待建立等共性问题依然存在,用户权益保护难题进一步凸显,新业态发展与传统的属地管理、城市管理以及理论研究滞后间的矛盾更加突出。

中国政府今后将加快制造强国建设。推动集成电路、第五代移动通信、飞机发动机、新能源汽车、新材料等产业发展，实施重大短板装备专项工程，推进与国际先进水平对标达标，弘扬劳模精神和工匠精神，建设知识型、技能型、创新型劳动者大军，来一场中国制造的品质革命。

第五章

基础设施建设快速推进

基础设施是指为社会生产和居民生活提供公共服务的物质工程设施,它是社会赖以生存发展的一般物质条件。一个国家或地区的基础设施完善,是其经济可以长期持续稳定发展的重要基础。

党的十八大以来,在以习近平同志为核心的党中央坚强领导下,国务院各部门坚持以推进供给侧结构性改革为主线,快速推进基础设施建设,建成并投入使用一大批关系国计民生的重大基础设施工程,保障能力明显提高。党的十八大以来,我国交通运输、能源供给、信息通信、城镇公共设施等基础设施建设取得显著成就,为国民经济持续快速发展提供了有力支撑。

第一节
交通运输基础设施建设跨越式发展

我国综合交通网络化水平进一步提升,"五纵五横"综合运输大通道基本贯通,主动脉作用日益显现;综合枢纽建设明显加快,结构更加合理,各种运输方式衔接效率显著提升;交通运输业持续加大投资建设力度,交通基础设施规模不断扩大,高速铁路、高速公路、内河航道通航里程均居世界第一。

一、铁路运输跨入高铁时代

党的十八大以来,铁路建设投资力度加大,路网规模和质量显著提升。据统计,2013年至2017年,全国铁路完成固定资产投资3.79万亿元,新增铁路营业里程2.94万公里,其中高铁1.57万公里,是历史上铁路投资最集中、强度最大的时期。到2018年年底,全国铁路营业里程达到13.1万公里,其中高铁超2.9万公里,占世界高铁总里程的2/3;铁路电气化率、复线率分别居世界第一和第二位。2018年,中国铁路总公司持续加大铁路建设特别是中西部铁路建设力度,全国铁路行业固定资产投资完成8028亿元,投产新线4683公里,其中高铁4100公里。

党的十八大以来,随着京广、沪昆、哈大、贵广、兰新、海南环岛等一批高铁重点项目建成通车,"四纵四横"高铁网基本成型,东部、中部、西部和东北四大板块实现了高铁互联互通。高速铁路的快速发展,极大地提升了区域间资源要素的流动效率与水平,对于带动区域经济社会发展,特别是推进城镇化、同城化发展发挥了积极作用。其中,中西部铁路建设占据重要地位。2014年中西部铁路投资占比高达78%;投产新线中，中西部铁路网达 6747 公里，占比高达近 80%。随着兰新高铁这一我国西部首条高速铁路的全线开通运营，甘肃、青海、新疆等越来越多的西部省份步入了"高铁时代"。

根据国家《中长期铁路网规划（2016—2030 年）》，在"四纵四横"高速铁路网的基础上，我国即将形成以"八纵八横"主通道为骨架、区域连接线衔接、城际铁路补充的高速铁路网。到 2020 年，全国铁路网规模将达到 15 万公里，其中高速铁路 3 万公里，覆盖 80% 以上的大城市。到 2025 年，铁路网规模达到 17.5 万公里左右，其中高速铁路 3.8 万公里左右，网络覆盖进一步扩大，将更好地发挥铁路对经济社会发展的保障作用。

二、公路网络建设日新月异

党的十八大以来，公路网络建设力度持续加大，农村公路建设迅速发展。2016 年，我国完成公路建设投资 17976 亿元，比 2012 年增长 41.4%。其中，高速公路建设完成投资 8235 亿元，比 2012 年增长 13.8%。"7918"国高网基本建成，国省干线公路技术等级逐步提升。到 2016 年年末，全国公路总里程达到 469.63 万公里，比 2012 年年末增加 45.88 万公里，增长 10.8%。其中，高速公路里程 13.10 万公里，比 2012 年年末增加 3.48 万公里，增长 36.2%；全国四级及以上等级公路里程达 422.65 万公里，占公路总里程的比重为 90.0%，比 2012 年年末提高 4.8 个百分点。2016 年年末，全国公路密度为每百平方公里 48.92 公里，比 2012 年年末提高 4.78 公里。到 2018 年年底，全国公路总里程达 484.65 万公里，其中全国四级及以上等级公路里程达 446.59 万公里，占公路总里程的 92.1%；全国公路密度达每百平方公里 50.48 公里。

2016 年，农村公路建设完成投资 3659 亿元，比 2012 年增长

70.6%。到 2016 年年末,全国农村公路(含县道、乡道、村道)里程达 395.98 万公里,较 2012 年年末增加 28.14 万公里,增长 7.7%,其中村道里程 225.05 万公里,比 2012 年年末增加 18.83 万公里,增长 9.1%。全国通公路的建制村占全国建制村总数的 99.94%,比 2012 年年末提高 0.39 个百分点,其中通硬化路面的建制村占全国建制村总数的 96.69%,比 2012 年年末提高 10.23 个百分点。到 2016 年年末,全国建制村通车率比 2012 年年末提升 3.5 个百分点。到 2018 年年末,全国农村公路里程达 403.97 万公里,其中县道里程 54.97 万公里,乡道里程 117.38 万公里,村道里程 231.62 万公里。一条条在广大农村地区串联起田间地头、千家万户的农村公路,不仅缩短了城市与农村的距离,同样也拓展了亿万农民的致富之路。

三、桥梁建设突飞猛进

半个多世纪前,建一座武汉长江大桥要举全国之力,现如今长江上从上游宜宾到下游上海已有百余座大桥。20 多年前,中国能否修建跨径 400 米的桥梁还在广受质疑,如今跨径超千米的大桥已不新奇。丹

港珠澳大桥

昆特大桥，164.85公里，世界第一长桥，跨越公路、铁路、水路，打开了长三角经济要素流动的新通道。大胜关大桥，全球第一座六线铁路大桥，世界上设计时速最快的铁路大桥，京沪高铁的重要越江通道。这样的现代桥梁还有很多，它们正成为中国经济地理的新地标。

港珠澳大桥，是连接香港、珠海、澳门的超大型跨海通道，全长55公里，目前是世界上最长的跨海大桥。2009年12月15日，港珠澳大桥正式开工建设。2011年5月15日，首个钢圆筒顺利下水。2011年12月7日，人工岛主体结构工程完成。2016年6月29日，主体桥梁成功合龙。2016年9月27日，港珠澳大桥主体桥梁正式贯通。2017年4月10日，港珠澳大桥珠海连接线拱北隧道全隧贯通，标志着港珠澳大桥珠海连接线主体工程实现全线贯通。2017年5月2日，港珠澳大桥沉管隧道最终接头在经过16个多小时的吊装沉放后安装成功，至此，经过我国交通建设者多年的持续奋战，世界最大的沉管隧道——港珠澳大桥沉管隧道顺利合龙。这是世界最长的公路沉管隧道和唯一深埋沉管隧道，被誉为交通工程的"珠穆朗玛峰"，被英媒《卫报》称为"新世界七大奇迹"之一。2017年5月25日，沉管隧道最终接头焊接完成。2018年元旦前夜，世界最长的跨海大桥——港珠澳大桥主体全线亮灯，这标志着大桥具备通车条件。2018年10月24日，港珠澳大桥正式通车。8年的建设过程见证了我国从一个沉管隧道技术的相对小国转变为国际隧道行业沉管隧道技术的领军国家。港珠澳大桥成为中国经济强国、科技强国、交通强国的时代标志。

四、水路运输和港口保持较快发展

党的十八大以来，内河航道"两横一纵两网十八线"建设取得积极进展，港口大型化、专业化、现代化水平进一步提升，水路运输基础设施网络布局更加合理。

"两横一纵两网十八线"是2007年《全国内河航道与港口布局规划》中作出的水路建设布局方案,即在水运资源较为丰富的长江水系、珠江水系、京杭运河与淮河水系、黑龙江和松辽水系及其他水系,形成长江干线、西江航运干线、京杭运河、长江三角洲高等级航道网、珠江三角洲高等级航道网和18条主要干支流高等级航道的布局,构成我国各主要水系以通航千吨级及以上船舶的航道为骨干的航道网络,规划内河高等级航道约1.9万公里(占全国内河航道里程的15%),其中三级及以上航道14300公里,四级航道4800公里,分别占75%和25%。2016年年末,全国内河航道通航里程12.71万公里,其中等级航道6.64万公里,占总里程的52.3%,三级及以上航道1.21万公里,占总里程的9.5%。

作为重要的战略支点和枢纽,港口是衡量一个国家综合国力的重要标志。2016年,全国港口拥有万吨级及以上泊位2317个,比上年增加96个。其中,沿海港口万吨级及以上泊位1894个,增加87个;内河港口万吨级及以上泊位423个,增加9个。全球吞吐量排名前十的超级大港,中国已经包揽了七席:上海港、深圳港、宁波—舟山港、香港

上海港洋山深水港

港、广州港、青岛港、天津港。

20世纪90年代初，全球港口排名前20都找不到上海港的名字。而截至2016年，上海港的集装箱吞吐量连续7年排名世界第一。2017年12月10日，上海港洋山深水港四期开港后，上海港集装箱年吞吐量突破4000万标准箱，等于美国所有港口吞吐量之和，体量达到目前全球港口年吞吐量的1/10。洋山港作为上海港的重要组成部分，集装箱吞吐量占到上海港的40%以上，是上海成为国际航运中心的重要支撑点，是世界第一座海岛型深水集装箱港区，是全球最大的单体全自动化码头和全球综合自动化程度最高的码头。

五、机场建设不断完善

党的十八大以来，民用航空基础设施建设稳步推进，机场布局不断完善，我国民航实力明显提升，初步形成与经济地理相适应的机场布局。

到2018年年末，我国境内民用航空（颁证）机场共有235个（不含香港、澳门和台湾地区，下同），其中定期航班通航机场数量达到233个，定期航班通航城市230个。民航年旅客吞吐量达到100万人次以上的通航机场有95个，年旅客吞吐量达到1000万人次的机场有37个。年货邮吞吐量达到10000吨以上的有53个。基于京津冀、长三角和珠三角地区的城市群形成的三大机场群，完成的年旅客吞吐量占到了全国总量的47%，年货邮吞吐量占全国的75%。其中北京首都机场年吞吐量已经超过9500万人次，连续7年位居全球第二；上海浦东、虹桥两个机场年旅客吞吐量超过1亿人次，浦东机场年货邮吞吐量连续9年位居世界第三。

六、邮政基础设施建设持续加强

党的十八大以来，邮政基础设施建设更趋完善，邮政服务能力进一步提升，快递网点数量高速增长，快递业成为国内发展潜力最为突出的新兴服务业之一。依托我国综合交通运输体系快速建设的便利条件，邮政、快递等基础设施建设与铁路、公路、水运、民航、港口等协同发展，推动邮政业、快递业不断取得突破。

邮政业基础设施不断完善，完成空白乡镇局所补建，全国总体实现"乡乡设所、村村通邮"。2013年至2016年，邮政行业基础设施年均投资额相较2012年增长1.5倍。到2016年年末，邮路总长度达到658.50万公里，比2012年年末增长12.5%，年均增长3.0%；营业网点达到21.7万处，相较2012年年末增加12.1万处，增长1.3倍；全国已通邮的行政村比重达到99.4%。2016年，全年完成邮政行业业务总量7397亿元，相较2012年增长2.6倍，年均增长38.0%；完成邮政行业业务收入（不包括邮政储蓄银行直接营业收入）5379亿元，相较2012年增长1.7倍，年均增长28.4%。2017年，全年完成邮政行业业务总量9763.7亿元，同比增长32.0%；完成邮政行业业务收入（不包括邮政储蓄银行直接营业收入）6622.6亿元，同比增长23.1%。2018年，全年完成邮政行业业务总量12345.2亿元，同比增长26.4%；完成邮政行业业务收入（不包括邮政储蓄银行直接营业收入）7904.7亿元，同比增长19.4%。

2017年，我国快递业务量突破400亿件，业务规模连续四年稳居世界第一，对全球业务量增长的贡献率超过50%，我国成为全球快递市场发展的动力源和稳定器。2017年四季度，我国每万人拥有1.6个快递网点，每百平方公里有2.4个快递网点，网点密度继续稠密化发展。截至2017年年底，我国快递乡镇网点覆盖率达到87.3%，16个省（市）实现乡镇快递网点全覆盖，人们使用快递更加便捷。2017年四季度快递业务收入占国内生产总值的比重为6.6‰，快递发展对经济增长的直接贡献率为1.3%，对消费增长的贡献率超过30%，对经济增长的间接贡献率超过 20%，行业基础性作用更加突出。快递行业已成为新经济的代表和经济发展新动能的重要力量。2017 年四季度快递企业平均每天服务 2.8 亿人次，相当于每天 5 个人中至少有 1 人使用了快递服务，快递成为继衣食住行后又一基本需要，"衣食住行送"成为日常生活的重要部分。2018 年，快递业务继续快速增长。全年快递服务企业业务量完成 507.1 亿件，同比增长 26.6%；快递业务收入完成 6038.4 亿元，同比增长 21.8%。

快递业服务现代农业成效显著。2017 年，全国各级邮政管理部门主动作为，积极支持快递企业服务现代农业建设，更好地拉动了地方经济发展，有效助推了精准扶贫。"互联网 + 快递 + 农产品"为产业扶贫和农民增收作出了积极贡献。2017 年 11 月 5 日至 12 月 31 日，赣南脐橙日均快件量达 23.08 万件，短短几十天销售总量突破 1200 万件，同比增长 156.3%，直接撬动脐橙产值达 8.4 亿元。

第二节
能源基础设施快速发展

能源是国民经济发展的重要物质基础，未来国家的发展取决于能源的开发和有效利用。能源供应短缺曾经是制约中国工业发展的瓶颈。随着中国特色社会主义市场经济建设的不断推进，市场化手段在能源基础设施领域得到广泛采用，这有效促进了能源基础设施建设，进而显著提高了社会生产生活的能源保障水平。

党的十八大以来，面对能源供需格局新变化、国际能源发展新趋势，我国提出了"能源革命",能源结构由原来的煤炭为主向多元化转变,着力发展非煤能源,形成煤、油、气、核、新能源(包括可再生能源)多轮驱动的能源供应体系,同步加强能源输配网络和储备设施建设。

一、油气管网格局初步形成

党的十八大以来,随着"一带一路"建设的深入实施,我国能源领域的国际合作不断取得新的突破,油(气)进口能力稳步提高,初步形成了西北、东北、西南以及海上四大油(气)进口战略通道。西北通道包括我国首条跨国原油管道——中哈管道和横贯土库曼斯坦、乌兹别克斯坦、哈萨克斯坦和中国等四国的中亚天然气管道。东北通道是起自俄罗斯远东管道斯科沃罗季诺分输站,止于中国大庆的中俄原油管道,全长近1000公里。西南通道包括中缅原油管道和中缅天然气管道。海上战略通道即在沿海先后建成江苏如东、大连、唐山三大LNG接收站。至此,我国油气管网格局初步形成,管道输油(气)能力大幅提高。

进口战略通道可以对接我国的西气东输管道。西气东输管道是我国距离最长、管径最大、投资最多、输气量最大、施工条件最复杂的天然气管道,是我国的能源大动脉。

到2016年年末,全国输油(气)能力相较2012年年末增长27.4%,特别是输气能力大幅提升,相较2012年年末增长98.1%。2016年年末,全国输油(气)管道总里程达到11.34万公里,相较2012年年末增长23.8%。其中,输油管里程4.99万公里,输气管里程6.35万公里,相较2012年年末分别增长20.9%和26.1%。

二、电力基础设施建设稳中求进

电源设施建设发展快速,发电装机容量逼近19亿千瓦。2017年,全国全口径发电装机容量177703万千瓦,与上年相比,增长7.6%。

2018年年末，全国发电装机容量189967万千瓦，比2017年末增长近7%。

新增发电装机中水、火电规模下降明显，非化石能源占比增加。2017年，火电装机容量110604万千瓦，增长4.3%；水电装机容量34119万千瓦，增长2.7%；核电装机容量3582万千瓦，增长6.5%；并网风电装机容量16367万千瓦，增长10.5%；并网太阳能发电装机容量13025万千瓦，增长68.7%。2018年，火电装机容量114367万千瓦，增长3.0%；水电装机容量35226万千瓦，增长2.5%；核电装机容量4466万千瓦，增长24.7%；并网风电装机容量18426万千瓦，增长12.4%；并网太阳能发电装机容量17463万千瓦，增长33.9%。

电网规模稳步增长，跨省区输送和中低压配电能力大幅提升。2016年全年新增跨区输电能力800万千瓦，全国跨区输电能力达到8095万千瓦。其中，交直流联网跨区输电能力6751万千瓦，跨区点对网送电能力1344万千瓦。特高压线路回路长度和变电设备容量与上年相比，分别增长42.7%和66.5%，35~110千伏电压等级的配电设备容量增长11.8%，均远高于高压和超高压电网增速。2017年，220千伏及以上输电线路回路长度68.8万千米，220千伏及以上公用变电设备容量37.3亿千伏安，与上年相比，分别增长6.5%、7.9%。2018年，220千伏及以上输电线路回路长度73万千米，新增220千伏及以上变电设备容量2.2亿千伏安。

上述数据显示，国家严控煤电投资建设取得明显效果。从党的十八届五中全会通过《中共中央关于制定国民经济和社会发展第十三个五年规划的建议》开始，建设清洁低碳、安全高效的现代能源体系成为我国未来能源发展方向。在应对全球气候变化的背景下，我们必须把提高能源利用效率和优化能源结构放在突出位置，大力推进能源清洁高效利用，减少污染物排放。

三、水利工程惠民生

水利领域基础设施项目的扎实推进不仅直接拉动经济增长、创造就业并为经济发展注入强大后劲，更能改善民生。其中，南水北调工程作为重大的国家战略性水利工程，是扩内需与惠民生相结合的极佳典型。

南水北调工程分东、中、西三条线路，中线工程从汉江引水，穿越长江、淮河、黄河、海河4个流域，惠及北京、天津、河北、河南4省市的100多个城市。南水北调工程是缓解我国北方城市水资源短缺、实现我国水资源整体优化配置、改善生态环境的重大战略性工程。历经50年论证与规划、耗时11年建设，2013年，南水北调东线一期工程正式通水，2014年12月12日南水北调中线一期工程正式提闸通水。

党的十八大以来，特别是2014年5月，国务院常务会议对如何加快推进172项节水供水重大水利工程建设进行总体部署后，更多的重大水利工程建设加速推进。截至2017年10月，172项重大水利工程已有118项开工建设，在建投资规模超过9000亿元。牛栏江—滇池补水工程、河南河口村水库工程等一批全局性、战略性水利工程基本建成并开始发挥效益，在保障防洪安全、城乡供水安全、粮食安全和生态安全等方面发挥了重要作用，为全面建成小康社会提供了强有力的水利支撑。

第三节
信息通信基础建设取得长足进步

进入21世纪，信息资源日益成为重要的生产要素和社会财富，我国正加快建设信息通信基础设施。

一、信息通信基础设施建设迈上新台阶

信息高速公路建设快速推进。2017年年底，全国光缆线路总长度达到3780万公里，是2005年（407万公里）的9倍多。其中，2017年年底全国长途光缆线路长度为104万公里，比上年新增约5%。2018年又新增光缆线路长度578万公里。目前，我国光缆线路总长全球第一，其中60%都是党的十八大召开以后铺设的。

移动通信实现了跨越式发展。我国的移动通信发展实现了从2G跟随、3G突破、4G同步，到5G引领的跨越式发展。2017年，全国净增移动通信基站59.3万个，总数达619万个，是2012年的3倍。其中4G基站净增65.2万个，总数达到328万个。目前，我国投入相当多的资源研发5G网络，以迎接下一波科技浪潮。2017年11月15日，我国确定5G中频频谱，能够同时满足系统覆盖和大容量的基本需求。2018年2月27日，华为发布了首款5G商用芯片巴龙5G01和5G商用终端，支持全球主流5G频段。2020年实现5G网络商用的目标指日可待。

在互联网宽带接入端口方面，随着光缆线路总长度的不断增加，互联网宽带接入端口"光进铜退"趋势更加明显。互联网宽带接入端口数量达到7.79亿个，与上年相比，净增0.66亿个，增长9.3%。其中，光纤接入（FTTH/0）端口与上年相比，净增1.2亿个，达到6.57亿个，占互联网接入端口的比重由上年的75.5%提升至84.4%。xDSL端口比上年减少1639万个，总数降至2248万个，占互联网接入端口的比重由上年的5.5%下降至2.9%。

二、实施网络强国战略

2014年2月27日，习近平总书记在中央网络安全和信息化领导小

组第一次会议上初步提出了建设网络强国的愿景。我国互联网和信息化工作取得了显著的发展成就，网络走入千家万户，网民数量世界第一，我国已成为网络大国。但是，同世界先进水平相比，我们在很多方面还有不小差距，特别是在互联网创新能力、基础设施建设、信息资源共享、产业实力等方面还存在较大差距，其中最大的差距在核心技术上。

我们要建设什么样的网络强国呢？概括地讲，一是网络信息化基础设施要处于世界领先水平；二是要有明确的网络空间战略和国际社会中的网络话语权；三是关键技术上要自主可控，特别是操作系统和CPU技术；四是网络安全要有足够的保障手段和能力；五是网络应用在规模、质量等方面要处在世界领先水平；六是在网络空间战略中，要有占领制高点的能力和实力。建设网络强国的战略部署与"两个一百年"奋斗目标同步推进，向着网络基础设施基本普及、自主创新能力显著增强、信息经济全面发展、网络安全保障有力的目标不断前进。

第四节
城镇公共设施建设稳步推进

城镇化是现代化的必由之路。党的十八大以来，在以习近平同志为核心的党中央坚强领导下，各地区城镇公共设施建设稳步推进，城市轨道交通建设突飞猛进；地下管线建设取得新突破；大力创建智慧城市；城市人居环境不断改善。

一、城市轨道交通突飞猛进

党的十八大以来，大中城市以改善城市交通状况、减少环境污染为主导，积极发展包括城市轨道交通在内的公共交通体系，城市轨道交通建设迎来了快速发展的黄金时期。城市轨道交通运营线路增多、运营线路网络化的发展趋势明显。截至 2018 年年末，我国共有 24 个省份的 35 个城市（不含港澳台地区）开通城市轨道交通运营，运营线路 178 条，总里程超过 5000 公里。2018 年我国城市轨道交通客运量超过 200 亿人次。

在北京、上海等早已开通轨道交通的一线城市，纵横交错的城市轨道交通网愈发呈现密集态势，并随着城市化的进程逐步向周边区域辐射。截至 2018 年年底，北京市轨道交通全路网运营线路 22 条，运营总里程已超过 600 公里。截至 2018 年 3 月底，上海轨道交通网络运营总里程（含磁浮）为 673 公里，上海地铁在城市公共交通中的比重达到了 54%。

二、地下管线建设取得新突破

如果说地铁是城市的"面子工程"，彰显城市亮丽的风貌，那么，地下管线就是城市的"里子工程"，体现了城市建设的智慧。城市地下管线是指城市范围内供水、排水、燃气、热力、电力、通信、广播电视、工业等管线及其附属设施，是保障城市运行的重要基础设施和"生命线"。近年来，随着城市快速发展，地下管线建设规模不足、管理水平不高等问题凸显，一些大城市相继发生大雨内涝、管线泄漏爆炸、路面塌陷等事故，严重影响了人民群众的生命财产安全和城市运行秩序。为此，由住房和城乡建设部等五部委联合开展的全国范围内的城市地下管线普查工作于 2014 年年末全面启动。

积极推进地下管网建设。预计到 2020 年，能建成一批具有国际先进水平的地下综合管廊并投入运营，反复开挖地面的"马路拉链"问题将会得到明显改善，管线安全水平和防灾抗灾能力将明显提升。

目前，各地正按照计划进行老旧管网改造，打造现代化、智能化、集成化的地下综合管廊。

三、大力创建智慧城市

智慧城市是指运用信息与通信技术手段感知、分析、整合城市运行核心系统的各项关键信息，从而对包括民生、环保、公共安全、城市服务、工商业活动在内的各种需求作出智能响应的一种理想的城市模式。建设智慧城市对全面建成小康社会、实现城市可持续发展、加速新型城镇化、提升城市综合竞争力和引领信息技术应用等具有重要意义。

党的十八大以来，随着网络强国战略、"互联网+"行动计划、大数据战略的部署和实施，各地积极创建智慧城市，城市水平和运行效率得到较大提升。《新型智慧城市发展报告2017》数据显示，我国新型智慧城市发展具有三个特点：一是整体势头良好；二是尚处于起步阶段；三是资源整合趋势逐步显现。

党的十九大报告在论述加快建设创新型国家时，提出了"智慧社会"这一让人耳目一新的概念。智慧社会概念是智慧城市概念的发展，体现了智慧城市和智慧乡村的有机结合，反映了新时代推进城乡融合发展的根本要求。智慧社会建设有利于从社会发展全局出发进行城乡统筹、城乡一体的智慧化发展顶层设计，构建以东促西、以城带乡、以强扶弱的智慧社会建设新格局，发挥智慧城市以及城市群、城市带、智慧小镇的引领辐射作用。基础设施建设方面，交通运输、能源供给、信息通信、公共服务等方面要实现城乡一体化、均等化。

四、城市人居环境不断改善

城市环境更加宜居，越来越多的城市按照"适用、经济、绿色、美观"

的建筑方针,积极转变城市发展方式,塑造城市特色风貌,提升城市环境质量。

建设海绵城市。减少城市硬覆盖地面,推广透水建材铺装,大力建设雨水花园、储水池塘、湿地公园、下沉式绿地等雨水滞留设施,让雨水自然积存、自然渗透、自然净化,不断提高城市雨水就地蓄积、渗透比例。

恢复城市自然生态。治理污染土地,优化城市绿地布局,进一步提高城市人均公园绿地面积和城市建成区绿地率。2015年年末,我国城市绿地面积266.96万公顷,比2012年末增长12.7%。其中,公园绿地面积61.4万公顷,比2012年增长18.5%;建成区绿化覆盖率40.1%,比2012年提高0.5个百分点。

推进污水大气治理。2018年,全国有统计数据的338个城市的平均空气优良天数比例为79.3%,同比上升1.3个百分点;细颗粒物(PM2.5)浓度为39微克/米^3,同比下降9.3%。全国1940个国控地表水水质断面中,Ⅰ~Ⅲ类断面比例为71.0%,同比上升3.1个百分点;劣Ⅴ类断面比例为6.7%,同比下降1.6个百分点。海洋生态环境状况总体稳中向好,夏季一类水质海域面积同比略有增加,劣四类水质海域面积同比略有减少,近岸海域优良海水比例上升。

加强垃圾综合治理。树立垃圾是重要资源和矿产的观念,建立政府、社区、企业和居民协调机制,通过分类投放收集、综合循环利用,促进垃圾减量化、资源化、无害化。

绿水青山就是金山银山,绿色发展、低碳发展、循环发展的观念已经深入人心,深入城市建设的方方面面。

回首党的十八大以来的几年,我国的基础设施建设取得巨大成就,犹如在飞轮上一般,一天一个样。但是,与发达国家相比,我国基础设施建设在诸多领域都存在着不小的差距。整体而言,我国基础设施依然存在总量不足、标准不高、运行管理粗放等问题。这也同样意味着我国基础设施建设方面存在无比广阔的发展前景与不可估量的发展潜力。

党的十九大报告指出，要深化供给侧结构性改革，必须把发展经济的着力点放在实体经济上，其中要加强水利、铁路、公路、水运、航空、管道、电网、信息、物流等基础设施网络建设。基础设施网络是供给体系的重要组成部分，要加快提高基础设施现代化水平，形成基础设施平衡发展格局，全面提升基础设施互联互通水平，进一步发挥基础设施对国民经济发展的重要支撑作用。我国将不断建设更多的奇迹工程，托举起中华民族伟大复兴的中国梦。

第六章

区域发展协调性增强

　　由于我国不同地区自然条件、地理区位和社会历史发展等方面存在不平衡，不同地区的经济发展长期以来存在着较大差别，也可以说区域发展不平衡一直是我国的基本国情。

　　党的十八大以来，以习近平总书记为核心的党中央坚持全面深化改革，更加强调加强顶层设计和整体谋划，提出了"一带一路"建设、京津冀协同发展、长江经济带建设、雄安新区建设等一系列新的战略构想和重大举措，着力推动解决我国区域发展方面面临的一系列突出矛盾和问题。习近平总书记在党的十九大报告中指出，我国区域发展协调性增强，"一带一路"建设、京津冀协同发展和长江经济带发展成效显著。

第一节
"一带一路"建设稳步推进

"一带一路"是"丝绸之路经济带"和"21世纪海上丝绸之路"的简称。"一带一路"合作倡议是优化我国国际市场布局，促进我国"一带一路"沿线区域经济社会发展与开放，促进贸易自由化便利化，促进世界各国合作共赢的中国方案。2018年是习近平总书记提出"一带一路"倡议五周年，该倡议提出以来，已经得到100多个国家和国际组织的积极响应和参与，经贸合作也取得了丰硕成果。

一、"一带一路"倡议的提出

2013年9月，习近平主席在哈萨克斯坦纳扎尔巴耶夫大学发表《弘扬人民友谊 共创美好未来》的重要演讲，盛赞中哈传统友好，全面阐述中国对中亚国家睦邻友好合作政策，倡议用创新的合作模式，加强沿线国家之间的政策沟通、道路联通、贸易畅通、货币流通、民心相通，共同建设"丝绸之路经济带"，将其作为一项造福沿途各国人民的大事业。这是"一带一路"建设中的"一带"，也就是"丝绸之路经济带"倡议。

2013年10月，习近平主席应邀在印度尼西亚国会发表《携手建设中国—东盟命运共同体》的重要演讲，首次提出了共同建设"21世纪'海上丝绸之路'"倡议。习近平主席指出,中国愿通过扩大同东盟国家各领域务实合作,互通有无、优势互补,同东盟国家共享机遇、共迎挑战,实现共同发展、共同繁荣。中国愿支持本地区发展中国家包括东盟国家开展基础设施互联互通建设,愿同印尼和其他东盟国家共同努力,使双方成为兴衰相伴、安危与共、同舟共济的好邻居、好朋友、好伙伴,通过坚持讲信修睦、坚持合作共赢、坚持守望相助、坚持心心相印、坚持开放包容,携手建设更为紧密的中国—东盟命运共同体,为双方和本地区人民带来更多福祉。这是"一带一路"中的"一路",即"21世纪海上丝绸之路"。

根据倡议和新形势下推进国际合作的需要,结合古代陆海丝绸之路的走向,共建"一带一路"总体上包括五大方向。其中"丝绸之路经济带"有三大走向:一是从中国西北、东北经中亚、俄罗斯至欧洲、波罗的海;二是从中国西北经中亚、西亚至波斯湾、地中海;三是从中国西南经中南半岛至印度洋。"21世纪海上丝绸之路"有两大走向:一是从中国沿海港口过南海,经马六甲海峡到印度洋,延伸至欧洲;二是从中国沿海港口过南海,向南太平洋延伸。"一带一路"贯穿欧亚大陆,东边连接亚太经济圈,西边进入欧洲经济圈,大致涉及60多个国家和地区。

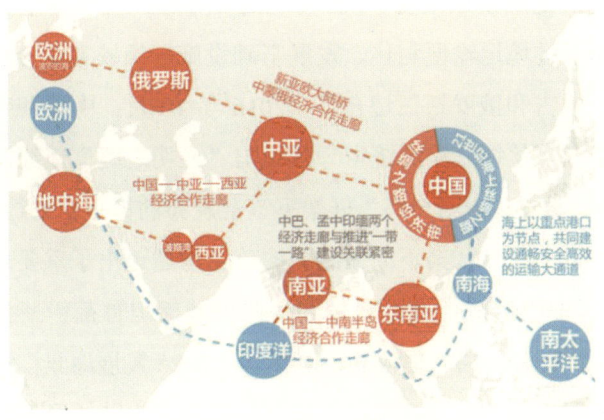

"一带一路"五大走向示意图

二、"一带一路"务实合作稳步推进

"一带一路"倡议提出后,我国与"一带一路"沿线国家的合作,逐渐从理念转化为行动,从愿景转变为现实,政策沟通不断深化,设施联通扎实推进,金融支撑力度增强,投资较快增长,民间交流稳步发展,取得了丰硕成果。

1. 政策沟通不断深化

"一带一路"倡议已得到包括联合国及安理会在内的世界100多个国家和国际组织的积极响应和支持,我国已经与众多国家签署了"一带一路"合作协议。2015年3月,中国政府发布《推动共建丝绸之路经济带和21世纪海上丝绸之路的愿景与行动》,提出以政策沟通、设施联通、贸易畅通、资金融通、民心相通为主要内容,坚持共商、共建、共享原则,积极推动"一带一路"建设,得到国际社会的广泛关注和积极回应。2015年5月,中国与俄罗斯联邦发表了《中华人民共和国与俄罗斯联邦关于丝绸之路经济带建设和欧亚经济联盟建设对接合作的联合声明》。根据该联合声明,双方努力将丝绸之路经济带建设和欧亚经济联盟建设相对接,确保地区经济持续稳定增长,加强区域经济一体化,维护地区和平与发展。2016年6月,中、蒙、俄三方共同签署了《建设中蒙俄经济走廊规划纲要》,旨在通过在增加三方贸易量、提升产品竞争力、加强过境运输便利化、发展基础设施等领域实施合作,进一步加强中国、蒙古和俄罗斯三边合作。2016年10月,中国和哈萨克斯坦联合发布了《"丝绸之路经济带"建设与"光明之路"新经济政策对接合作规划》。这是"一带一路"框架下签署发布的第一个双边合作规划,为引导"一带一路"框架下国家层面的政策沟通迈出了重要一步。2017年12月,《中巴经济走廊远景规划》在巴基斯坦首都伊斯兰堡发布,规划把中国"一带一路"倡议和巴基斯坦"2025发展愿景"深入对接,指导规划走廊建设,推动两国协同发展。新亚欧大陆桥经济走廊、孟中印缅经济走廊建设也在稳步向前推进。中国—中亚—西亚、中国—中南半岛经济走廊正在共同规划建设。

2. 设施联通扎实推进

党的十八大以来，我国积极推动"一带一路"沿线国家公路、铁路、水运、空运、能源、通信等基础设施建设和联通，以及与沿线国家相关法规和体系的对接，实现有效联通，不断取得新进展。一是更多国际道路和运输线路开通。截至2017年6月，沿线国家通过73个公路和水路口岸，开通了356条国际道路及陆海联运客货运输线路。截至2018年底，中欧班列累计开行数量达到1.3万列，到达境外15个国家、49个城市，成为沿途国家促进互联互通、提升经贸合作水平的重要平台。二是公路铁路建设加快推进。截至2018年年底，已建成11条跨境铁路，中老铁路、雅万高铁、匈塞铁路和一批高速公路等重大合作项目正加快推进。三是沿线国家海上港口建设运营成效显著，民航基础设施布局和通航网络日趋完善。瓜达尔港和汉班托塔港建设持续推进，中国企业成功中标缅甸皎漂港项目，成功收购希腊比雷埃夫斯港控股权并全面接管港口经营，中国—马来西亚港口联盟正式成立。民航机场建设企业参与建设中亚、东南亚、俄罗斯等国家和地区机场项目的力度不断加大。四是海运空运实现广覆盖。海上运输服务已覆盖"一带一路"沿线所有国家。五是能源设施联通不断完善。中俄原油管道、中国—中亚天然气管道保持稳定运营。六是信息网络有效联通。我国通过国际海缆可连接美洲、东北亚、东南亚、南亚、大洋洲、中东、北非和欧洲地区及其国家。我国与"一带一路"沿线国家陆海空交通、能源和通信复合型互联互通网络逐步成型。

3. 贸易畅通成效显著

贸易畅通是"一带一路"的重点和核心。党的十八大以来，中国已在贸易投资便利化、消除贸易壁垒、营造良好营商环境等促进贸易畅通的大方向上初步建立了政策性支持体系。同时在自贸区建设、产能合作、货物出口、对外直接投资、吸引外商直接投资、对外承包工程方面取得了明显成效。2016年，我国与"一带一路"沿线国家进出口交易总额达到6.25万亿元人民币，比上年增长0.5%。其中，出口3.83万亿元，同比增长0.5%；进口2.42万亿元，同比增长0.4%。2017年，中国与"一带一路"相关国家进出口贸易总额7.37万亿元，比上年增长了18%，高于全国外贸总体增速。2018年，对"一带一路"沿线国家进出口总额8.37万亿元，同比增长13.3%。其中，出口4.65万亿元，同比增长7.9%；进口3.72万亿元，同比增长20.9%。2016年，我国与"一带一路"沿线国家双向直接投资额达216亿美元；中国对相关国家累计直接投资已经超过了600亿美元，涉及农业、制造业、基础设施等诸多领域。至2017年年底，中国已经在"一带一路"相关国家建设了75个境外经贸合作区，累计投资270多亿美元。2018年，"一带一路"沿线国家对华直接投资新设立企业4479家，增长16.1%；对华直接投资金额424亿元，增长13.2%，折64亿美元，增长16.0%。中国对"一带一路"沿线国家非金融类直接投资额156亿美元，增长8.9%。2013年至2018年，中国与"一带一路"沿线国家货物贸易进出口总额超过6万亿美元，年均增长率高于同期中国对外贸易增速，占中国货物贸易总额的比重达到27.4%；中国企业对"一带一路"沿线国家直接投资超过900亿美元，在沿线国家完成对外承包工程营业额超过4000亿美元。经贸投资的发展，不仅增加了我国劳务派出人员的数量，也扩大了所在国的就业规模。

4.资金融通力度持续增强

资金融通是保证"一带一路"建设顺利进行的重要支撑。2013年10月，习近平主席提出筹建亚洲基础设施投资银行（简称"亚投行"）倡议，2015年12月亚投行正式成立。截至2018年5月，亚投行共有

86个正式成员国,是仅次于世界银行的全球第二大多边开发机构。亚投行的成立,为"一带一路"建设提供了强有力的金融支撑。2014年11月,习近平主席在加强互联互通伙伴关系对话会上宣布,中国将出资400亿美元成立丝路基金。2017年5月,习近平主席在"一带一路"国际合作高峰论坛开幕式上宣布,中国向丝路基金新增资金1000亿元人民币。同时,国内金融机构积极提供资金支持,截至2016年年底,中国进出口银行在"一带一路"沿线国家对企业贷款余额6225亿元人民币,中国国家开发银行在"一带一路"沿线国家对企业累计发放贷款超过1600亿美元。2017年5月,习近平主席在"一带一路"国际合作高峰论坛上宣布,鼓励我国金融机构开展人民币海外基金业务,规模约3000亿元人民币;中国国家开发银行、进出口银行将分别提供2500亿元和1300亿元等值人民币专项贷款,用于支持"一带一路"基础设施建设、产能、金融合作。截至2018年2月,我国与沿线24个国家中央银行签订双边本币互换协议,总规模约1.4万亿元人民币。

5. 民心相通筑牢发展根基

民心相通是"一带一路"建设的人文基础。"一带一路"倡议自提出以来,中国政府高度重视推进民心相通领域的合作,着力推动落实一批惠及沿线国家的国际合作项目,主要涉及教育文化合作、文化交流、旅游往来、卫生健康合作、救灾、援助和减贫等领域。截至2018年2月,我国累计与相关国家签署了40余项科技合作协议和300多个文化交流执行计划,在沿线国家建立了35个海外中国文化中心、138所孔子学院、135个孔子课堂、16个中医药海外中心,建立了45个国际联合实验室和国际联合研究中心。我国还设立"丝绸之路"政府奖学金,从2017年起,每年向沿线国家提供1万个奖学金新生名额。习近平主席在"一带一路"国际合作高峰论坛开幕式上宣布,我国将积极在沿线国家民生改善工程方面提供支持。一是将在未来3年通过无偿援助和无息贷款方式投资 600 亿元人民币用于沿线发展中国家建设民生项目。二是将向"一带一路"沿线发展中国家提供 20 亿元人民币紧急粮食援助，缓解食品短缺，提升食品安全水平。三是将积极开展面向沿线发展中国家基层民众的小微型民生援助项目，包括 100 个"幸福家园"、100 个"爱心助困"和 100 个"康复助医"等。四是将向有关国际组织提供 10 亿美元，落实在沿线发展中国家开展减贫、农业、教育、卫生和环保等发展合作项目。

推动"一带一路"建设是以习近平同志为核心的党中央作出的重大决策，是推动构建人类命运共同体的重要实践平台。五年多来，"一带一路"从倡议转化为行动，从愿景转变为现实，取得了重大进展和丰硕成果。我们相信，在以习近平同志为核心的党中央坚强领导下，在我国与相关国家的共同努力下，"一带一路"建设将会取得更大成就。就像习近平主席在"一带一路"国际合作高峰论坛开幕式上所指出的那样，我们要乘势而上、顺势而为，将"一带一路"建成和平之路、繁荣之路、开放之路、创新之路、文明之路，推动"一带一路"建设行稳致远，迈向更加美好的未来。

第二节
京津冀协调发展能力增强

京津冀是我国经济最具活力、开放程度最高、创新能力最强、吸纳人口最多的地区之一，也是拉动我国经济发展的重要引擎。同时，该区域发展面临诸多困难和问题，特别是北京聚集过多的非首都功能，"大城市病"突出，人口膨胀，交通拥堵，区域水资源严重短缺，环境污染问题突出，功能布局不够合理，城镇体系结构失衡，区域发展差距大，不平衡、不协调问题令人担忧。京津大城市过"肥"，周边中小城市偏"瘦"。河北人均收入只及京、津两市的一半，在公共服务水平和质量层次上，与京、津差异明显。这种不平衡、不协调的状况与全面建成小康社会，建设社会主义现代化国家的发展目标相矛盾，成为新时代需要着力解决的重点领域。

一、京津冀协调发展的顶层设计

京津冀协同发展，是习近平总书记亲自谋划、亲自推动的重大国家战略，是以习近平同志为核心的党中央在新时代作出的重大决策。党的十九大对京津冀协同发展提出了新要求，作出了新部署。推动京津冀协同发展，对我国解决区域发展不平衡、不协调问题，具有重要的实践价值和示范意义；对实现"两个一百年"奋斗目标和中华民族伟大复兴的中国梦，具有重大现实意义和深远历史意义。

2013年5月，习近平总书记在天津调研时指出，要谱写新时期社会主义现代化的京津"双城记"。同年8月，在北戴河主持研究河北发展问题时，他强调要推动京津冀协同发展。

2014年2月，在北京召开的京津冀协同发展工作座谈会上，习近平总书记指出，京津冀协同发展意义重大，对这个问题的认识要上升到国家战略层面，要坚持优势互补、互利共赢、扎实推进，加快走出一条科学持续的协同发展路子来。

2015年2月，习近平总书记主持召开中央财经领导小组会议，审议研究《京津冀协同发展规划纲要》；4月，中央政治局会议审议通过《京津冀协同发展规划纲要》，明确了京津冀三地的功能定位：北京要建成为全国政治、文化、国际交往、科技创新的中心，天津要建成为全国先进制造研发基地、北方国际航运核心区、金融创新运营示范区、改革开放先行区，河北要建成全国现代商贸物流重要基地、产业转型升级试验区、新型城镇化与城乡统筹示范区、京津冀生态环境支撑区。该纲要指出，推动京津冀协同发展是一项重大国家战略，核心是有序疏解北京非首都功能，要在京津冀交通一体化、生态环境保护、产业升级转移等重点领域率先取得突破。

2016年2月，《"十三五"时期京津冀国民经济和社会发展规划》印发实施。这是全国第一个跨省市的区域"十三五"规划，是推动京津冀协同发展重大国家战略向纵深推进的重要指导性文件。2016年3月，习近平总书记主持召开中央政治局常委会会议，审议并原则同意《关于北京市行政副中心和疏解北京非首都功能集中承载地有关情况的汇报》。

2017年2月，习近平总书记专程到河北省安新县进行实地考察，主持召开河北雄安新区规划建设工作座谈会。2017年4月1日，中共中央、国务院决定设立河北雄安新区。

2018年4月，《河北雄安新区规划纲要》出台，该规划纲要确定雄安新区作为北京非首都功能疏解集中承载地，要建设成为高水平社会主义现代化城市、京津冀世界级城市群的重要一极、现代化经济体系的新引擎和推动高质量发展的全国样板；要建成绿色生态宜居新城区、创新驱动发展引领区、协调发展示范区和开放发展先行区。京津冀协同发展的顶层设计蓝图就此绘就，京津冀逐渐焕发出体现创新、协调、绿色、开放、共享发展理念的勃勃生机。

2019年1月，习近平总书记在京津冀考察时强调，要从全局的高度和更长远的考虑来认识和做好京津冀协同发展工作，增强协同发展的自觉性、主动性、创造性，保持历史耐心和战略定力，稳扎稳打，勇于担当，敢于创新，善作善成，下更大气力推动京津冀协同发展取得新的更大进展。

京津冀协同发展为我国推进区域协调发展提供了新的实践平台，充分体现了新时代我国经济社会发展顶层设计先行的新发展模式，意义十分重大。第一，对破解首都发展过程中长期积累的深层次矛盾和问题，优化提升首都核心功能，探索具有中国特色解决"大城市病"的方式方法提供了中国方案；第二，有利于完善城市群形态，优化产业布局和空间结构，打造具有较强竞争力的大、中、小城市合理布局的世界级城市群；第三，有利于适应把握引领经济发展新常态，深化供给侧结构性改革，全面对接"一带一路"等重大国家战略，增强对环渤海地区和北方腹地的辐射带动能力，助推经济高质量发展和全方位对外开放。

二、京津冀协调发展行动稳步推进

近年来，京津冀协调发展在以习近平同志为核心的党中央的领导下，各项工作稳步推进，在疏解北京非首都功能、京津冀交通一体化、生态环境保护、产业升级转移等重点领域率先取得突破。

1. 疏解北京非首都功能工作稳步推进，人口调控效果初显

有序疏解北京非首都功能是京津冀协同发展的关键环节和重中之重，对于推动京津冀协同发展具有重要的先导作用。习近平总书记在十九大报告中指出：以疏解北京非首都功能为"牛鼻子"推动京津冀协同发展。北京市以调整疏解非首都功能为抓手，积极推进区域协同发展。在控制增量方面，2014年和2015年先后制定、修订《北京市新增产业的禁止和限制目录》，禁限行业类别占全部国民经济行业类别的比例由32%提高到55%。截至2017年年底，北京关、停、退出一般制造业企业近2000家，调整疏解各类区域性专业市场近600家。2017年12月，位于河北白沟新城的和道国际动批服饰广场开业，2000多户来自北京的服装商户在这里开启新生活就是一个典型案例。

各项措施的实施，有效控制了北京的人口增长态势。2016年，北

京常住人口增量由2012年的50.7万人降至2.4万人。2016年年末，北京城内六区常住人口为1247.5万人，比2015年年末减少35.3万人，实现了城内六区人口由增到减的变化。2017年底，北京市常住人口为2170.7万人，比上年末减少2.2万人，实现了自2000年以来的首次负增长。2018年末，北京市常住人口为2154.2万人，比上年末减少近0.8%。

2. 京津冀交通一体化稳步发展

第一是加大交通领域投资。2014年至2016年，三地累计完成交通领域固定资产投资8642.2亿元，较2011年至2013年增长13.8%。重点工程有序高效推进。北京新机场于2014年动工，2016年全面开工建设；京津城际延长线、津保城际铁路、张唐铁路建成通车；京津冀地区城际铁路网规划获得批复，正全面施工中；京滨城际、京唐城际获得核准，先期工程开工建设。

第二是三地协同努力，共建便利交通新格局。打通一大批"断头路"和"瓶颈路"，京津保核心区1小时通勤圈初步形成，天津、河北市民可持京津冀公交"一卡通"在北京乘坐公交、地铁，在全国率先实现区域交通"一卡通"互联互通。2017年5月1日，京津城际实行"月票制"，有效推动了京津两地之间轨道交通的公交化，有效带动京津两地的同城效应，两地居民也收获了更多的获得感和幸福感。2018年2月，天津市人民政府决定对北京牌照小型、微型载客汽车天津本市通行管理措施进行调整：自2018年2月22日起，北京牌照小型、微型载客汽车不受天津市关于外埠牌照机动车早晚高峰限行规定的限制。

3. 生态环境保护成效初显

京津冀三地不断加大对高耗能、高污染企业的治理力度，建立区域大气污染联防联控机制，共同推进节能降耗工作。2015年，《京津冀协同发展生态环境保护规划》发布，明确以大气、水、土壤污染防治为重点，联防联控，改善区域生态环境，共同实施三北防护林建设、京津风沙源治理等一批重点工程。此外，三地还签订了《环境执法联动工作机制合作协议》等一系列协议，修订《重污染天气应急预案》，不断加大联合执法督导和治理力度。为有效应对京津冀冬季大气污染，打赢蓝天保卫战，环保部（现在的"生态环境部"）等部委和京津冀等六省市联合印发《京津冀及周边地区2017—2018年秋冬季大气污染综合治理攻坚行动方案》。北京市印发了《〈京津冀及周边地区2017—2018年秋冬季大气污染综合治理攻坚行动方案〉北京市细化落实方案》，天津市印发了《天津市2017—2018年秋冬季大气污染综合治理攻坚行动方案》，河北省印发了《河北省2017—2018年秋冬季大气污染综合治理攻坚行动方案》。

经过多年努力，北京的污染结构已经发生重大变化。在能源结构中，煤炭占比不足10%，平原地区已基本实现无煤化；产业结构中，第三产业占比80%以上，和发达国家产业结构基本相同；5500家"散乱污"企业清零，油品质量从"国四"提高到"国六"，全部淘汰黄标车。2017年，北京市空气质量超额完成目标任务。天津深入推进"四清一绿"行动，采取了关停陈塘庄热电厂、进行主力电厂燃煤机组清洁化改造、推进天津港散货物流中心搬迁等一系列重大举措。2017年天津市关停整治"散乱污"企业2.1万家，力度空前。河北省推行煤改电、煤改气，2017年解决了253万户用电用气问题；同时，河北根据实际情况使用地热和太阳能，使用波谷用电，既解决气源、电源不足的问题，又解决了清洁能源的供应问题。

经过京津冀三地和周边省份的共同努力，2017年，北京的大气环境明显改善，优良天数比例为61.9%，同比上升7.8个百分点。正像全国政协新闻发言人王国庆在回答记者提问时所说："2017年各项考核指标如期完成，特别是京津冀地区空气环境质量创近年来的最好水平。

在北京，明显感觉到蓝天白云的日子多了，在朋友圈里晒蓝天白云的明显减少。但是对蓝天白云能否常态化这个问题，我们仍不能过于乐观。因为眼下空气质量明显好转是在中央打赢污染防治攻坚战的决心和部署的前提下，是在我们付出了沉重代价和气象条件有利的基础上实现的。正如人们所说：人努力，天帮忙。"2018年，北京市空气质量持续改善。全市环境空气中细颗粒物（PM2.5）年平均浓度值为51微克/米^3，同比下降12.1%；二氧化硫、二氧化氮和可吸入颗粒物（PM10）年平均浓度值分别为6微克/米^3、42微克/米^{3}和78微克/米^3，同比分别下降25.0%、8.7%和7.1%。

北京的蓝天越来越多

北京的大气环境质量的改善仅仅是京津冀的一个缩影，同时我们也应该有清醒的认识，那就是生态环境问题的根子在于增长方式的粗放、生产方式的落后和生活方式的不环保。而这些根本性的问题，现在还没从根本上得到解决。因此，必须牢固树立绿水青山才是真正的金山银山理念，持续实施治理措施，既要满足人民群众日益增长的物质生活需要，也要满足美好环境的需要。

4. 产业升级转移快速推进

京津冀协同发展的观点提出后，三地根据各自功能定位，广泛开展合作，积极推动产业升级转移。截至 2017 年年底，中关村企业在津冀两地设立分支机构超 6100 家。2014 年至 2017 年，河北省引进京津资金约 1.4 万亿元，沧州盐碱地上的北京现代汽车城、曹妃甸海边的首钢京唐公司、张北坝上的云计算数据产业集群、石家庄（正定）的中关村集成电路产业基地、北戴河生命健康产业创新示范区等一批产业合作园区已经建成或正在建设中。天津市积极打造滨海中关村科技园、未来科技城京津合作示范区、武清京津产业新城、宝坻京津中关村科技城、京津冀大数据综合试验区等一批高水平承接平台；同时，加快推进国家大学创新园区、中科院天津创新产业园、清华大学天津高端装备研究院等一批创新平台建设。2017 年，京冀企业来津投资到位额超过 1000 亿元，在中新天津生态城，2017 年纳税百万元以上的企业约 450 家，其中 70% 来自北京。

打破"一亩三分地"独自发展僵局，实现你中有我、我中有你、协同发展、合作共赢，逐渐成为京津冀三地达成的共识，并转化为努力奋斗的伟大实践。随着雄安新区规划的基本完成，体现高起点规划、高标准建设的现代化新区的建设将进一步激发出三地人民协同发展的奋斗热情，也将为社会主义现代化目标呈现出一个可视的新样板。

三、雄安新区建设稳步推进

截至 2018 年 2 月，备受瞩目的雄安新区规划框架已基本成熟，同步开展交通、能源、产业等 20 多个专项规划编制和 30 多个专题研究；具有鲜明"大部制"特点的新区管理机构高效运转；新区经北京新机场至北京城区的城际铁路、白洋淀治理和重点地块植树造林等一批重大项目先行启动。

雄安新区市民服务中心，是新区的第一个高标准建设的城建项目，已于 2018 年 6 月正式投入使用。它占地面积 24.24 公顷，总建筑面积 9.96

万平方米，参照北京故宫中轴线的布局，建筑分布呈现三纵三横格局。整个市民服务中心由公共服务区、行政服务区、生活服务区、入驻企业办公区四大区域建筑群组成，承担着雄安新区的规划展示、政务服务、会议举办、企业办公等多项功能。

第三节
长江经济带发展成效显著

长江是中国第一大河流，全长 6300 多公里。长江干支流自古以来就是中国横贯东西、纵连南北的水上交通大动脉，素有"黄金水道"之称。2014 年 9 月，国务院印发《国务院关于依托黄金水道推动长江经济带发展的指导意见》指出，长江通道是我国国土空间开发最重要的东西轴线，在区域发展总体格局中具有重要战略地位。依托黄金水道推动长江经济带发展，打造中国经济新支撑带，是党中央、国务院审时度势，谋划中国经济新棋局作出的既利当前又惠长远的重大战略决策。

一、以"共抓大保护、不搞大开发"为导向推动长江经济带发展

长江经济带覆盖上海、江苏、浙江、安徽、江西、湖北、湖南、重庆、四川、云南、贵州等 11 省市，面积约 205 万平方公里，人口和生产总值均超过全国总量的 40%，是我国综合实力最强、战略支撑作用最大的区域之一。如何更好地推进长江经济带的发展，特别是正确处理好保

护长江流域的生态环境和经济发展之间的关系，以习近平同志为核心的党中央对此高度重视。2016年1月，习近平总书记在重庆召开座谈会，对推动长江经济带发展作出了新的部署，强调长江经济带的发展必须从中华民族长远利益考虑，走生态优先、绿色发展之路。当前和今后相当长一个时期，要把修复长江生态环境摆在压倒性位置，共抓大保护，不搞大开发。2016年3月，习近平总书记在中共中央政治局会议上强调，要在保护生态环境的条件下推进发展，增强发展的统筹度和整体性、协调性和可持续性，提高要素配置效率。要加强领导、统筹规划、整体推进，把长江经济带建成环境更优美、交通更顺畅、经济更协调、市场更统一、机制更科学的黄金经济带。党的十九大报告中，习近平总书记指出："以共抓大保护、不搞大开发为导向推动长江经济带发展。"2018年中央经济工作会议提出，推进长江经济带发展要以生态优先、绿色发展为引领。2018年4月，习近平总书记在武汉主持召开深入推动长江经济带发展座谈会并发表重要讲话。他强调，推动长江经济带发展是党中央作出的重大决策，是关系国家发展全局的重大战略。新形势下，推动长江经济带发展，关键是要正确把握整体推进和重点突破、生态环境保护和经济发展、总体谋划和久久为功、破除旧动能和培育新动能、自身发展和协同发展等关系，坚持新发展理念，坚持稳中求进工作总基调，加强改革创新、战略统筹、规划引导，使长江经济带成为引领我国经济高质量发展的生力军。

二、以"共抓大保护、不搞大开发"为导向是实现绿色发展的要求

长江经济带发展为什么要以共抓大保护、不搞大开发为导向，以生态环境优先、绿色发展为引领？2018年两会期间，习近平总书记在重庆代表团与代表交流时给出了这样的答案："如果长江经济带搞大开

发,下面的积极性会很高,投资驱动会非常强烈,一哄而上,最后损害的是生态环境。过去已经有一些地方抢跑,甚至出现无序开发,违法挖河砂、搞捕捞、搞运输,岸线被随意占用等情况,如果这样下去,所谓的长江经济带建设就变成了一个'建设性'的大破坏。所以,我强调长江经济带不搞大开发,要共抓大保护,来刹住无序开发的情况,实现科学、绿色、可持续的开发。"有数据显示,2015年时,长江沿岸有40多万家化工企业,同时还分布着五大钢铁基地、七大炼油厂,以及上海、南京、仪征等石油化工基地。除了工业污染,由于长江沿线城市人口密集,规模以上的排污口就有6000多个。因此,强调生态环境保护优先,不搞大开发,既是站在沿江区域可持续永续发展的高度,对历史负责,也是应对区域现实的环境压力,满足沿江人民对美好生产、生活环境需求的理性抉择。

三、生态保护和经济发展双轮驱动,成效显著

在以习近平同志为核心的党中央的坚强领导下,沿江11省市人民共同努力,长江经济带的生态保护和经济发展双轮驱动,成效显著。生态环境保护6项专项行动、5项制度建设、10项重大工程加快推进,959座非法码头已彻底拆除,其中85%完成生态复绿。饮用水水源地安全专项检查和环保执法行动取得积极成效。生态优先、绿色发展理念已为沿江干部群众深刻理解和广泛接受,长江流域共抓大保护格局基本形成。2017年前三季度,长江经济带地表水水质优良比例平均为77.3%,同比上升2.5个百分点。与此同时,经济发展质量和效益不断提高。2017年,沿江11省市GDP增速全部高于全国平均增幅,其中贵州、重庆、云南、江西、安徽、四川等省市增速均在8%以上。长江经济带正在成为新时代中国经济新引擎,发挥着重要的战略支撑和示范引领作用。

区域协调发展,既是一个理论问题,更是一个实践问题。如果把

一定区域看成是一个系统，那么，这个系统的正常运转不仅需要各子系统以及各组成要素保持自身功能的正常运转，也就是我们常说的"各扫门前雪"，更要保证彼此之间相互依存、互为支撑，避免出现"莫管他人瓦上霜"的精致利己主义现象。做好顶层设计，实现区域内部、区域之间协调均衡发展是党的十八大之后我国经济社会发展的明显特征，是社会主义制度优越性的集中体现。当前，中国特色社会主义进入新时代，中国特色社会主义事业进入了解决人民对美好生活的需要与发展不平衡不充分的矛盾的新阶段。我们相信，在以习近平同志为核心的党中央的正确带领下，在全国人民的共同努力下，区域发展不平衡问题将逐渐得到有效解决，富强、民主、文明、和谐、美丽的社会主义现代化强国和中华民族伟大复兴中国梦离我们越来越近。

第七章
科技创新成果显著

当今世界，科技突飞猛进，一个国家、一个民族若能在科技上不断进取，就能够实现社会经济的跨越式发展。党的十八大作出了实施创新驱动发展战略的重大部署，强调科技创新是提高社会生产力和综合国力的战略支撑，必须摆在国家发展全局的核心位置。

党的十八大以来，在以习近平同志为核心的党中央坚强领导下，创新驱动发展战略全面实施。经过五年的努力，我国科技创新能力显著增强，全球创新指数排名从2013年的第35位跃升至2017年的第22位。科技制度创新迸发活力，原始创新取得突破性进展，战略高新技术成就令人瞩目，科技创新人才队伍壮大，科技创新成果转化快捷，为推动经济保持中高速增长提供了有力支撑。

第一节
科技制度创新迸发活力

创新是一个系统工程,必须全面部署。科技创新、制度创新要协同发挥作用。只有不断深化科技体制改革,清除体制机制障碍,才能持续增强新动力,释放新活力。

党的十八大以来,科技体制改革取得实质性突破,已发布文件《国家创新驱动发展战略纲要》,科技管理不断制度化,科技评价体系和奖励制度更加优化,形成了充满活力的科技管理和运行机制。

一、创新驱动实施战略部署

党的十八大提出要实施创新驱动发展战略,十八届五中全会把创新作为五大发展理念之首,提出创新是引领发展的第一动力,必须把发展基点放在创新上,塑造更多依靠创新驱动、更多发挥先发优势的引领型发展。习近平总书记多次对实施创新驱动发展战略作出系统阐述,强调要把创新驱动发展作为面向未来的一项重大战略,抓好顶层设计和任务落实,找准世界科技发展趋势,找准我国科技发展现状和应走的路径,提出切实可行的发展方向、目标、工作重点。李克强总理多次强调,要依靠创新驱动,推动经济保持中高速增长、迈向中高端水平。

为了加快实施创新驱动发展战略,2016年5月20日,中共中央、国务院发布《国家创新驱动发展战略纲要》，明确了未来30年创新驱动发展的目标、方向和重点任务。

《国家创新驱动发展战略纲要》提出了实施创新驱动发展战略三个阶段的目标，与我国现代化建设"三步走"战略目标相互呼应。第一步，到2020年进入创新型国家行列，有力支撑全面建成小康社会目标的实现；第二步，到2030年跻身创新型国家前列，为建成经济强国和共同富裕社会奠定坚实基础；第三步，到2050年建成世界科技创新强国，为我国建成富强民主文明和谐的社会主义现代化国家、实现中华民族伟大复兴的中国梦提供强大支撑。

《国家创新驱动发展战略纲要》明确了实施创新驱动发展战略的总体部署，强调要"坚持双轮驱动、构建一个体系、推动六大转变"。"双轮驱动"就是指科技创新和体制机制创新两个轮子相互协调、持续发力，统筹推进科技、经济和政府治理等三方面体制机制改革，最大限度释放创新活力。"一个体系"就是指建设国家创新体系。"六个转变"就是指发展方式从以规模扩张为主导的粗放式增长向以质量效益为主导的可持续发展转变；发展要素从传统要素主导发展向创新要素主导发展转变；产业分工从价值链中低端向价值链中高端转变；创新能力从"跟踪、并行、领跑"并存、"跟踪"为主向"并行""领跑"为主转变；资源配置从以研发环节为主向产业链、创新链、资金链统筹配置转变；创新群体从以科技人员的"小众"为主向"小众"与大众创新创业互动转变。

《国家创新驱动发展战略纲要》是新时期推进创新工作的纲领性文件，是建设创新型国家的行动指南，具有非常重大的现实意义和深远的历史意义。2016年7月，国务院印发《"十三五"国家科技创新规划》，确立了科技创新发展新蓝图，部署启动新的重大科技项目。

二、科技管理不断制度化

党的十八大以来，研发经费投入规模不断扩大，投入力度持续加大，科技计划顺利实施，经费管理和收入分配改革稳步推进，为我国科技创新实现"并行"和"领跑"创造了有利条件。

研发经费投入规模跃居世界第二位，研发经费投入强度实现新突破。据统计，2017年我国研发经费投入总量为1.76万亿元，较2012年增长71%，较上年增长12.3%，增速较上年提高1个多百分点。2018年，我国全年研发经费已增长到1.97万亿元。从全球来看，目前中国研发经费投入总量仅次于美国，居世界第二位，研发经费投入强度(研发经费与国内生产总值之比)持续提升。2014年中国研发经费投入强度达到2.05%，首次突破2%；2016年为2.11%，2017年进一步上升至2.13%，2018年达到2.18%。

各项科技计划顺利实施。2016年，国家自然科学基金共资助了41184个项目，国家科技重大专项共安排课题224个，国家重点研发计划共安排重点专项42个、科技项目1163个。2017年，国家自然科学基金共资助了43935个项目，国家科技重大专项共安排454个课题，国家重点研发计划共安排42个重点专项、1115个科技项目。2018年，国家自然科学基金共资助了44504个项目，国家科技重大专项共安排了563个课题，国家重点研发计划共安排了1052个项目。

科研经费管理更科学，收入分配更合理。2016年7月，中共中央办公厅、国务院办公厅联合印发《关于进一步完善中央财政科研项目资金管理等政策的若干意见》，推出了下放预算调剂权限、明确劳务费开支范围等多项新规，使经费配置更科学、使用更灵活。2016年11月，中共中央办公厅、国务院办公厅印发的《关于实行以增加知识价值为导向分配政策的若干意见》明确提出，通过稳定提高基本工资、加大绩效工资分配激励力度、落实科技成果转化奖励等激励措施，稳步提高科研人员的收入。2017年3月24日，中央全面深化改革领导小组第三十三次会议审议通过了《关于深化科技奖励制度改革的方案》。会议强调，科技奖励制度是鼓励自主创新、激发人才活力、营造创新环境的一项重要举措。

三、科技评价体系和奖励制度更加优化

对科研人员和科研单位而言，优化的科技评价体系和科技奖励制度在激发人才创新活力、促进科学成果研究方面有十分积极的推动作用。党的十八大以来，科技评价体系不断完善，科技奖励制度不断完善，"提高质量、减少数量、优化结构、规范程序"已成为科技评价体系和奖励制度改革的新思路。

国家科学技术奖励是党和国家长期坚持的一项重要制度。国家每年都会隆重召开国家科学技术奖励大会，表彰为我国科技事业作出突出贡献的个人和组织。截至2017年，国家共授予27位科学家国家最高科学技术奖，授予47183人（次）国家自然科学奖、国家技术发明奖、科学技术进步奖。奖励科技成果5280项，其中自然奖563项、发明奖813项、进步奖3904项，包括杂交水稻、高温超导材料、人类基因组计划、载人航天、探月工程、青藏铁路、超级计算机、巡航导弹、核潜艇等重大科技成果。近年来，特别是2015年和2016年，三大奖总数都已控制在300项以下。不断做减法，提高三大奖的含金量，更能激发科研人员的创新热情。

近年来，社会力量设奖日趋活跃，各地政府也把科技奖励作为调动科研人员积极性的重要举措。目前全国影响较大的奖励有70种，仅省部级每年就奖励1.2万项左右。例如依靠社会力量设立的"何梁何利基金奖""中国青年科学家奖""中国青年科技奖"等奖项，对科技人员从不同层次、不同渠道进行科技奖励，极大地丰富了我国科技奖励

体系。

为全面贯彻落实全国科技创新大会精神和《国家创新驱动发展战略纲要》，进一步完善科技奖励制度，调动广大科技工作者的积极性、创造性，深入推进实施创新驱动发展战略，2017年5月31日国务院办公厅印发了《关于深化科技奖励制度改革的方案》。这是鼓励自主创新、激发人才活力、营造创新环境的一项重要举措。

第二节
原始创新取得突破性进展

党的十八大以来，在国家自然科学基金、"973"计划（国家重点基础研究发展计划）支持下，我国高度重视原始性专业基础理论突破，持续推进基础性、系统性、前沿性科技研究，若干基础研究领域取得突破性进展。

一、"墨子号"——在世界上首次实现卫星和地面之间的量子通信

利用量子态的叠加原理和基本纠缠，可以让我们的通信实现绝对安全，让我们的导航更为精准，让计算机的计算能力出现质的飞跃。更神奇的是，利用量子隐形传态，未来人类往返世界各地，甚至进行星际旅行也可能做到瞬间即达。

近年来，以中国科学技术大学潘建伟院士研究团队为代表的我国

科研人员在量子科学研究和量子通信领域取得一系列举世瞩目的成就：2012年在国际上首次成功制备八光子薛定谔猫态；2014年将可以抵御黑客攻击的远程量子密钥分发系统的安全距离扩展至200公里，将成码率提高了3个数量级，创下新的世界纪录；2015年在国际上首次成功实现多自由度量子体系的隐形传态，位列年度国际物理学十大突破榜首；2016年我国量子通信技术再次实现跨越式发展，世界上第一条量子通信保密干线"京沪干线"全面建成，世界首颗量子科学实验卫星"墨子号"发射升空，使我国在世界上首次实现卫星和地面之间的量子通信，构建了天地一体化的量子保密通信与科学实验体系。短短几年时间，中国的量子通信技术已达到世界顶尖水平，领先欧美国家。

"墨子号"

潘建伟院士说，墨子最早提出光线沿直线传播，设计了小孔成像实验，奠定了光通信、量子通信的基础。以中国古代伟大科学家的名字命名量子卫星，将提升我们的文化自信。

二、"悟空"——寻找暗物质

天文观测表明，宇宙中最重要的成分是暗物质，它代表了宇宙中 95% 以上的物质含量。在茫茫宇宙中寻找暗物质并非易事，传统方法是采用大型探测器。如诺贝尔奖获得者丁肇中教授研制的阿尔法磁谱仪 2 号，探测器重达近 7 吨。而我国科学家们研制出了在多个领域具有明显优势的暗物质粒子探测卫星"悟空"，耗资少，重量轻。悟空是中国古典名著《西游记》中齐天大圣的名字，这里的"悟"有领悟的意思，"悟空"有领悟、探索太空之意；另一方面，悟空的火眼金睛，犹如暗物质粒子探测卫星的探测器，可以在茫茫太空中识别暗物质的踪影。

2015 年 12 月 17 日，我国在酒泉卫星发射中心用"长征二号丁"运载火箭成功将暗物质粒子探测卫星"悟空"发射升空，卫星顺利进入预定转移轨道。"悟空"在轨运行的前 530 天共采集了约 28 亿高能宇宙射线，其中包含约 150 万 25 GeV 以上的电子宇宙射线。基于这些数据，科研人员成功获取了目前国际上精度最高的电子宇宙射线能谱。"悟空"的电子宇宙射线的能量测量范围比国外的空间探测设备有显著提高，拓展了观察宇宙的窗口；测量到的 TeV 电子的"纯净"程度最高（其中混入的质子数量最少），能谱准确性高；首次直接测量到了电子宇宙射线能谱在 1 TeV 处的拐折，反映了宇宙中高能电子辐射源的典型加速能力，其精确的下降行为对于判定能量低于 1 TeV 的部分电子宇宙射线是否来自暗物质起着关键性作用。此外，"悟空"的数据初步显示在 1.4 TeV 处存在能谱精细结构。目前"悟空"运行状态良好，正持续收集数据，一旦该精细结构得以确证，将是粒子物理或天体物理领域的开创性发现。

此外，在量子反常霍尔效应、铁基高温超导、外尔费米子、热休克蛋白 90α、CiPS 干细胞等研究领域也取得重大突破。屠呦呦研究员因发现治疗疟疾的新药物疗法获得 2015 年诺贝尔生理学或医学奖，由此实现了中国人在自然科学领域诺贝尔奖零的突破。王贻芳研究员测得新的中微子振荡模式，填补了中国在中微子这个基础物理研究领域的空白。

第三节
战略高新技术成就全球瞩目

党的十八大以来，在国家重大科技专项和"863"计划等的支持下，我国战略高技术研发蓬勃发展，不断破解创新发展科技难题，在一些战略必争领域抢占了制高点。

一、"天宫""长征""嫦娥"——空间技术成就举世瞩目

党的十八大以来，我国载人航天工程再上新台阶；运载火箭事业获得长足发展，连续创造了多项新纪录；探月工程实现了重大进展。中国跻身世界空间探测先进国家行列。

载有3名航天员的"神舟十号"载人飞船于2013年6月11日顺利发射升空后，相继完成了与"天宫一号"飞行器的自动对接和手控交会对接，成功完成了与航天器绕飞交会试验。6月26日"神舟十号"载人飞船返回舱顺利返回地面。组合体飞行期间，航天员进驻"天宫一号"并开展航天医学实验、技术试验及太空授课活动，开中国载人航天应用性飞行的先河。"神舟十一号"飞船于2016年10月17日发射升空，随后与"天宫二号"对接形成组合体，两名航天员进驻"天宫二号"，进行了为期30天的驻留，驻留期间完成了一系列空间科学实验

"天宫一号"

和技术试验。"天宫二号"与"神舟十一号"载人飞行任务取得圆满成功,标志着我国载人航天工程实验室阶段任务取得具有决定性意义的重要成果,为后续空间站建造运营奠定了更加坚实的基础。2017年4月,"天舟一号"货运飞船与"天宫二号"空间实验室顺利完成自动交会对接,这是中国自主研制的货运飞船与空间实验室的首次交会对接。

新型运载火箭"长征六号"于2015年9月20日在太原卫星发射中心点火发射,成功将中国

"长征五号"

航天科技集团公司和多所高校等研制的20颗微小卫星同时送入太空,创造了中国航天一箭多星发射的新纪录,对于促进我国微小卫星发射和

新技术试验验证等具有重要意义。2016年11月3日，新一代最大推力运载火箭"长征五号"首次发射成功。"长征五号"代表了目前我国运载火箭科技创新的最高水平，填补了我国大推力无毒无污染液体火箭发动机方面的空白，实现了我国异型发动机起飞技术的重大突破，其运载能力与国际上主流火箭的运载能力相当。它的发射成功，是我国由航天大国迈向航天强国的重要支撑和显著标志之一。

"嫦娥三号"探测器于2013年12月2日由"长征三号乙"运载火箭成功发射升空后，相继实现了月球表面软着陆、着陆器与巡视器分离、巡视器驶抵月球表面以及"两器"互拍成像，并按照计划开展了月表形貌与地质构造调查、月表物质成分和可利用资源调查、地球等离子体层探测和月基光学天文观测等多项科学探测任务。这是中国首次实现地外天体软着陆，标志着我国探月工程第二步战略目标取得全面胜利。我国成为世界上第三个自主实施月球软着陆和月面巡视探测的国家。"嫦娥四号"探测器于2018年12月8日由"长征三号乙"运载火箭发射，于2019年1月3日成功着陆月球背面。2019年1月11日，"嫦娥四号"着陆器和"玉兔二号"巡视器正常分离，两器完成互拍，地面接收图像

"嫦娥三号"

清晰完好；中外科学载荷探测数据正常下传；"鹊桥"中继卫星有效支撑测控通信需求；着陆器、巡视器、中继星状态良好，达到既定工程目标；工程任务转入科学探测阶段，探月工程嫦娥四号任务取得圆满成功。这是人类历史上首次实现航天器在月球背面软着陆和巡视探测，首次实现地球与月球背面的测控通信。

二、"天眼"——向宇宙边缘延伸

500米口径球面射电望远镜（FAST），同时也被誉为"中国天眼"，是由中国科学院国家天文台主导建设，具有自主知识产权、世界最大单口径、最灵敏的射电望远镜。FAST作为世界最大的单口径望远镜，将在未来20至30年保持世界一流地位。

"天眼"

"天眼"于1994年由我国天文学家南仁东提出构想，从预研到建成历时22年，于2016年9月25日在贵州省黔南布依族苗族自治州平塘县克度镇大窝凼的喀斯特洼坑中落成启用。借助这只巨大的"天眼"，科研人员可以窥探星际之间互动的信息，观测暗物质，测定黑洞质量，甚至搜寻可能存在的"外星人"。截至 2018 年 9 月 19 日,"天眼"共发现 59 颗脉冲星候选体,其中有 44 颗已被确认为新发现的脉冲星。

三、"蛟龙""海斗"——向深海进发

深海蕴藏着丰富的战略资源,具有重大的科学研究价值。拥有大深度潜水器和具备精细的深海作业能力,是一个国家科技竞争力的体现。

党的十八大以来,我国科研人员在深海科技领域不断取得突破,"蛟龙"号和"海斗"号等潜水器的下海,吹响了我国迈向海洋强国的号角,宣示了我国深海科技在世界范围开始"领跑"。

2012 年 6 月 24 日,我国拥有自主知识产权的深海载人潜水器"蛟龙"号在 7020 米的西太平洋深海底稳定坐底,成功突破 7000 米,创下中国载人深潜新纪录。截至 2018 年 11 月底,"蛟龙"号下潜足迹遍布中国南海、东太平洋海盆区、西太平洋海沟区、西太平洋海山区、西南印度洋脊、西北印度洋脊 6 大海区,在包括海山、冷泉、热液、洋中脊、海沟、海盆等典型海底地形区域完成了 150 多个潜次的作业,显示出了全球领先的深潜技术优势和安全作业能力,为我国抢占国际深渊科学研究

"蛟龙"

前沿提供了强有力的技术支撑。

2016年6月至8月，我国自主研制的"海斗"号无人潜水器成功进行了两次万米级下潜应用，最大潜深达10767米，创造了我国无人潜水器的最大下潜及作业深度纪录，使我国成为继日、美两国之后第三个拥有研制万米级无人潜水器能力的国家，成为继"蛟龙"号载人潜水器7000米海试成功后，我国海洋科技史上的又一个里程碑。

四、"神威·太湖之光"——世界运算速度最快

超级计算机是计算机中功能最强、运算速度最快、存储容量最大的一类计算机，多用于国家高科技领域和尖端技术研究，是国家科技发展水平和综合国力的重要标志。我国高度重视并且支持超级计算系统的研发。

"神威·太湖之光"

"神威·太湖之光"超级计算机是由国家并行计算机工程技术研究中心研制、安装在国家超级计算无锡中心的超级计算机。"神威·太湖之光"超级计算机安装了40960个由中国自主研发的"申威26010"众核处理器。2017年11月13日，全球超级计算机500强榜单公布，"神威·太湖之光"以每秒9.3亿亿次的浮点运算速度第四次夺冠。

500强的榜单上，中国上榜的超级计算机达到202台，又一次反超美国夺得第一。中国超级计算机的总性能也超越美国，占该榜单总处理能力的35.4%。

近年来，我国超级计算机的应用领域逐步拓宽，从国家安全、核武器研制、气象预报、石油勘探这样的国家战略领域，拓展到互联网、大数据、人工智能、基因测序、影视制作、金融等领域，惠及各个不同的行业，越来越贴近国民经济生活。

第四节
科技创新人才队伍日渐壮大

科技创新的主体是人，我国要建设科技强国，关键是要有一支优良的创新人才队伍。

党的十八大以来，我国科技研发人员总量不断增加，整体素质有所提高，研发人员结构得到优化，科技人才创新能力不断提升，为我国深入实施创新驱动发展战略、推进科技创新做好了人才储备。

一、研发人员总量跃居世界首位

我国已成为第一科技人力资源大国。据统计，2017年全国研发人员总数为621.4万人，较2012年增长34.6%；按折合全时工作量计算的研发人员总量为403.4万人年，较2012年增长24.2%。根据折合全时工作量标准，我国研究人员总量在2010年超过美国，居世界首位。

研发人员中研究人员所占比重反映了研发队伍的整体素质。据初步统计，按折合全时工作量计算的2017年全国研发人员中研究人员总量为174.0万人年，较2012年增长23.9%；研究人员占研发人员的比重为43.1%，比2012年下降0.1个百分点。

中国经济快速发展的强劲势头对海外人才显示出强大的"人才磁铁"效应。从1978年到2018年年底，各类出国留学人员累计达585.71万人，其中432.32万人已完成学业，365.14万人在完成学业后选择回国发展，占已完成学业群体的84.46%。"十二五"期间回国人才超过110万，是改革开放前30年回国人数的3倍。2017年1月不幸因病去世的杰出科学家黄大年，2009年毅然放弃国外优越条件回到祖国，刻苦钻研、勇于创新，取得了一系列重大科技成果，填补了多项国内技术空白。

二、研发人员结构得到优化

近年来，我国研发人员结构得到优化，人才培养、使用和激励机制不断完善，人尽其才、才尽其用的局面初步形成。

近年来，我国实施了一系列重大人才工程和科技人才计划，"千人计划"面向国外，负责引进，"万人计划"面向国内，负责培养支持；两大计划并行实施，协同推进，加强我国高层次创新创业人才队伍建设。此外，创新人才推进计划、长江学者计划、中科院百人计划、国家杰出青年科学基金等一系列科技人才计划与工程的实施，都在努力造就一批世界水平的科学家、科技领军人才、工程师和创新团队。

青年科技人才成为科研主力军和生力军，在装备制造、信息、生物技术、新材料、航空航天、海洋、生态环境保护、新能源和农业科技等重点领域，涌现出一批中青年科技创新领军人才。2016年9月，"天宫二号"升空，控制中心里忙碌着的航天工作人员都是充满朝气的年轻人，这些年轻的面孔让国人感叹、世界羡慕。

三、科技人才创新能力不断提升

科技论文数量和质量都有显著提高。在各学科最具影响力国际期刊上发表的论文数量连续六年居世界第 2 位。2007 年至 2017 年 10 月，我国科技人员发表的国际论文共被引用 1935 万次，与 2016 年统计时比较，数量增加了 29.9%，超越英国和德国，前进到世界第 2 位。其中，各学科论文在 2007—2017 年被引用次数处于世界前 1% 的论文称为"高被引论文"。截至 2017 年 10 月，中国高被引论文为 20131 篇，占世界份额的 14.7%，数量比 2016 年增加了 18.7%，世界排名保持在第 3 位。

2017 年 4 月，科技部制定印发了《"十三五"国家科技人才发展规划》，将为 2020 年进入创新型国家行列和全面建成小康社会奋斗目标提供科技人才支撑，为 2050 年实现建成世界科技强国目标奠定坚实基础。渴求人才，吸引人才，培育人才，中国正在构建一个富有科技创新能力的人才体系。

第五节
科技创新引领作用凸显

科学研究既要认识世界，更要改造世界，要服务于经济社会发展和改善人民群众的生活。我国发展正面临着动力转换、方式转变、结构调整的重要时期，需要依靠更多更好的科技创新，推动科技成果转化。

党的十八大以来，企业创新蓬勃发展，产学研合作明显加强，产业结构逐步优化，科技创新成果广泛应用于各产业领域，取得了显著的经济效益和社会效益。

一、企业创新蓬勃发展

企业是经济活动的主体，也是创新的主体。近年来，企业创新蓬勃发展，主体地位得到强化。2014 年，全国共投入研究与试验发展经费 13015.6 亿元，各类企业经费支出为 10060.6 亿元，政府所属研究机构经费支出 1926.2 亿元，高等学校经费支出 898.1 亿元，企业、政府所属研究机构、高等学校经费支出所占比重分别为 77.3%、14.8% 和 6.9%。全球研发投入最高的 2500 家企业中，中国有 481 家（含台湾企业 105 家）。创新资源集聚到企业，依托企业布局建设了一批国家工程研究中心、国家工程实验室，认定了一大批国家企业技术中心。2017 年，全社会研发经费支出中将近 80% 是企业投入。

产学研合作明显增强。据统计，2017 年我国规模以上开展产品或工艺创新活动的 20.1 万家企业中，将高等学校作为合作对象的企业占 20.3%，将研究机构作为合作对象的企业占 12.1%。2017 年，规模以上工业企业对研究机构和高等学校的外部研发经费支出合计为 342.6 亿元，较 2012 年增长 35.7%。产学研创新合作增强，有利于整合创新资源，促进科技创新成果转化。2016 年，全国技术合同成交金额达到 11407 亿元，首次突破 1 万亿元大关。2017 年全年共签订技术合同 36.8 万项，技术合同成交金额 13424 亿元，较上年增长 17.7%。

二、产业结构逐步优化

我国经济发展进入速度变化、结构优化和动力转换的新常态。推进供给侧结构性改革，促进经济提质增效、转型升级，迫切需要依靠科技创新培育发展新动力。

近年来，高水平的科技供给不断推动产业升级，如攻克港珠澳大桥关键技术、建成世界上难度最大的跨海集群工程，国产掘进装备突破大于12米盾构技术并实现工程化应用，国产设备生产12英寸晶圆突破"千万片次"大关，我国主导推动的Polar码被国际移动通信标准化组织采纳为5G增强移动宽带控制信道标准方案。

我国自主研制的C919大型客机不断实现新突破，为完善现代民用飞机产业体系、增强高端装备制造实力、建设制造强国作出了新贡献。2015年11月2日，C919大型客机首架机在中国商飞公司新建成的总装制造中心浦东基地总装下线。2017年5月5日，C919大型客机首架机在上海浦东国际机场成功首飞。C919首飞成功意味着经过近半个世纪的艰难探索，蓝天上终于有了一款属于中国的完全按照世界先进标准研制的大型客机，意味着中国实现了民机技术集群式突破，具备了研制一款现代干线飞机的核心能力，这是我国航空工业的重大历史性突破，是建设创新型国家的标志性工程。

近年来，科技引领新产业新动能快速成长。新能源汽车进入产业成长期，可再生能源发电装机容量不断取得新突破，风光储输示范工程成为全球规模最大、综合利用水平最高的新能源综合示范项目。人工智能、大数据、云计算等引领支撑数字经济、平台经济、共享经济快速发展。

2017年科技进步贡献率达57.5%，国家创新能力排名进一步提升。科技成果广泛应用于农业、制造业、服务业等领域，取得了显著的经济效益和社会效益。

党的十八大以来，在以习近平同志为核心的党中央的正确领导下，我国广大科技工作者奋力拼搏，取得了举世瞩目的成就。我国科技实力大幅增强，已成为具有全球影响力的科技大国。我国科技创新水平加速迈向国际第一方阵，进入"三跑并存、领跑并跑日益增多"的历史性新阶段。

但同时也应看到，与世界最顶尖的创新强国相比，我国在很多方面仍存在差距，主要是创新能力不强，科技发展水平总体不高，科技对经济增长的贡献率远低于发达国家水平等。当今世界，创新竞争日趋激烈，我们必须把握住发展机遇。我们必须坚决贯彻党中央、国务院决策部署，深入贯彻新发展理念，深入实施创新驱动发展战略，继续夯实科技基础，强化战略导向，加强科技供给，深化改革创新，弘扬创新精神，继续激发创新活力，凝聚人才，坚定自信，齐心协力，争取早日建成创新型国家、科技强国，实现中华民族伟大复兴的中国梦。

第八章

金融业持续快速健康发展

　　金融是国民经济的血液,是现代经济的核心,是国家重要的核心竞争力。经过40年的不断改革和发展,我国金融业从1978年高度集中的模式,逐渐发展成为与社会主义市场经济相适应的金融体系,我国的金融业在不断创新发展中实现了历史巨变。

　　习近平总书记在2017年7月召开的全国金融工作会议上指出:党的十八大以来,我国金融改革发展取得新的重大成就。金融业保持快速发展,金融产品日益丰富,金融服务普惠性增强,金融改革有序推进,金融体系不断完善,人民币国际化和金融双向开放取得新进展,金融监管得到改善,守住不发生系统性金融风险底线的能力增强。

第一节
银行业发展保持稳定

银行业是金融业中的主体力量,主要从事以间接融资为主的资金融通业务。1978年改革开放之初,我国的银行业实行的仍然是与经济体制相一致的高度集中的"大一统"模式。这个模式的基本特征为:中国人民银行是全国唯一一家办理各项银行业务的金融机构,集中央银行和商业银行于一身,其内部实行高度集中管理,利润分配实行统收统支。

一、银行业金融机构体系基本建成

从1979年开始,我国陆续进行金融机构改革,突破"大一统"金融机构体系,中国银行、中国农业银行、中国建设银行、中国工商银行陆续从中国人民银行和财政部分离出来,区域性商业银行等陆续设立,逐渐形成了与社会主义市场经济相适应的银行业金融机构体系。截至2018年年底,我国银行业金融机构共有4588家,比2017年增加39家。按机构类型分别为:开发性金融机构1家、政策性银行2家、国有大型商业银行6家、股份制商业银行12家、金融资产管理公司4家、城市商业银行134家、住房储蓄银行1家、民营银行17家、农村商业银行1398家、农村合作银行32家、农村信用社812家、村镇银行1613家、贷款公司13家、农村资金互助社45家、外资法人银行41家、信托公司 68 家、金融租赁公司 69 家、企业集团财务公司 253 家、汽车金融公司 25 家、消费金融公司 23 家、货币经纪公司 5 家、其他金融机构 14 家。

二、银行业务快速增长

银行的业务主要分为资产业务、负债业务和中间业务。资产业务是银行资金运用业务，最主要构成是银行贷款；负债业务是银行的资金来源业务，最主要的构成是银行存款；中间业务是不构成商业银行表内资产、表内负债的业务。

党的十八大以来，以习近平同志为核心的党中央面对复杂的国内外经济形势，提出我国经济发展进入新常态，从高速增长转向中高速增长，更加注重经济发展质量和效益。与此相适应，银行业经营规模稳定增长，服务实体经济能力不断增强。在宏观经济处于下行周期和利率市场化的客观环境下，实现了资产负债规模翻番和盈利水平持续稳定增长。特别是国有大型商业银行，不仅利润总量保持全球领先水平，而且通过股权增值、分红、税收等形式，为国有资产保值增值、推动国家经济发展作出了直接贡献。

资产总额是体现银行业规模的重要指标，从银行的角度来说就是资金运用，也就是贷款。总体上讲，贷款是缺乏资金的部门（主要是企业）从银行部门借得的资金，贷款总额的增长总体反映了银行业满足企业资金需求的总体态势。2011 年年末，中国银行业总资产规模 113 万亿元；2016 年 2 月突破 200 万亿元；至 2017 年年末，银行业资产总额达到 252 万亿元；到 2018 年年底，我国银行业金融机构资产总额超过了 268 万亿元。资产总额中的人民币贷款余额，反映银行有多少资金用于满足企业和个人的资金融通需求，也反映了银行所吸收的存款用于发放贷款的数额情况。2012 年年末，人民币贷款余额近 63 万亿元；到 2017 年年底，人民币各项贷款余额增加到 120 多万亿元；至 2018 年年底，人民币各项贷款余额为 136.3 万亿元。

2012—2018 年我国银行业金融机构资产负债等业务情况

明细	2012 年	2013 年	2014 年	2015 年	2016 年	2017 年	2018 年
资产总额 / 亿元	1336224	1513547	1723355	1993454	2322532	2524040	2682401
同比增长率 / %	17.95	13.27	13.86	15.67	16.51	8.68	6.27
其中：人民币各项贷款余额 / 亿元	629910	718961	816770	939540	1066040	1201340	1362967
同比增长率 / %	14.95	14.14	13.6	15.03	13.46	12.69	13.45
负债总额 / 亿元	1249515	1411830	1600222	1841401	2148228	2328704	2465777
同比增长率 / %	17.79	12.99	13.34	15.07	16.66	8.4	5.89
其中：人民币各项存款余额 / 亿元	917555	1043847	1138645	1357022	1505864	1641044	1775226
同比增长率 / %	13.33	13.76	9.08	19.18	10.97	9	8.18

注：根据银监会发布的各年度银行业金融机构资产负债和国家统计局统计公告数据整理。

负债业务是反映银行资金来源的业务，是银行经营资产业务的基础。银行的负债也就是银行所吸收的存款，主要是家庭在银行的存款，存款总额的增长总体上反映了居民收入增长的总趋势，是居民收入在满足了消费之后的盈余。银行的作用就是在盈余部门和不足部门之间充当信用中介，实现资金从盈余部门到不足部门的配置。2012 年至 2017 年，我国负债总额年平均增长率近 14%，存款余额年平均增长 12.55%。2018 年年末，我国全部金融机构本外币各项存款余额达 182.5 万亿元，比年初增加 13.2 万亿元，其中人民币各项存款余额为 177.5 万亿元，比年初增加 13.4 万亿元。

从总体上看，党的十八大以来，银行业资产负债规模和人民币存贷款数额呈现平稳增长态势，与我国经济发展相互促进，相辅相成。

三、国际化程度显著提升

党的十八大以来，中国银行业在服务我国经济发展的同时，国际化程度和全球服务能力显著提升，国际竞争力与影响力不断增强。四家大型商业银行相继进入全球系统重要性银行名单，充分体现了中国银行业的国际地位及对全球金融稳定的作用。根据英国《银行家》"2016年度全球千家银行排名"，中国共有119家银行上榜，数量再创新高；上榜银行一级资本总计达1.63万亿美元，占全球千家银行一级资本总额的23%，我国是上榜银行一级资本最大的单一市场。中国工商银行、中国建设银行、中国银行和中国农业银行均跻身前十行列，中国工商银行更是连续四年雄踞一级资本全球第一。中国上榜银行税前盈利3080亿美元，占千家银行盈利总和的近32%。该杂志"2019年度全球千家银行排名"中，中国共有136家银行榜上有名，其利润总额达到3120亿美元。

第二节
资本市场稳步发展

在中国金融业这个大家庭中，中国证券业的发展可以说是与改革开放进程关系最为密切的。十一届三中全会吹响改革开放号角之时，我国证券业便开始了从无到有、从小到大的快速发展历程。在我国，证券业主要包括通过股权融资实现资金资源配置的股票市场和通过债券融资的债券市场，与银行业进行间接融资不同，证券业属于直接融资。由于股票市场规模大、参与主体多，可以通过交易在不同投资者之间转让，人们通常会将股票市场视同资本市场。

一、多层次资本市场体系的建立

1981年财政部首次发行国库券，揭开了中国证券业和证券市场快速发展的序幕。1984年11月，中华人民共和国第一家股份制公司上海飞乐音响股份有限公司成立。1985年1月，上海延中实业有限公司全部以股票形式向社会筹资，成为第一家公开向社会发行股票的集体所有制企业。1986年9月26日，中华人民共和国第一家代理和转让股票的证券公司——中国工商银行上海信托投资公司静安证券业务部宣告营业。1987年5月，深圳市发展银行首次向社会公开发行股票，成为深圳第一股。1990年12月19日，上海证券交易所开业；1991年7月3日，深圳证券交易所正式开业。两家证券交易所开业后，我国的资本市场开启了以交易所为主要平台、以股票发行和股票交易为主要对象的快速发展进程。

资本市场的重要功能是资金资源的直接配置，党的十八大以来，我国多层次资本市场体系逐渐完善，形成了以A股主板市场为主，以新三板市场、区域性股权市场等为重要补充的多层次股权市场，资本市场建设进一步完善。

二、A股主板市场不断发展

A股主板市场是指深圳证券交易所和上海证券交易所两个市场。主板市场是资本市场中最重要的组成部分，很大程度上能够反映经济发展状况，有"国民经济晴雨表"之称。相较于新三板市场和区域性股权市场，对在A股主板市场上市的公司要求更高，审核周期更长，同时，

A股市场的流动性更高。在 2012 年年底时，沪深两市的上市公司总数为 2494 家，两市的总市值约为 23 万亿元；至 2017 年年底，沪深两市上市公司总数达 3485 家，市场总市值约为 57 万亿元；截至 2019 年 6 月 25 日，沪深两市上市公司总数达 3645 家，当日总市值 53.61 万亿元。近年来，上市公司通过 A 股市场筹资情况见下表。

2012—2018 年 A 股主板市场首次公开发行和再融资情况统计

（单位：亿元）

融资类型	2012 年	2013 年	2014 年	2015 年	2016 年	2017 年	2018 年
上市公司境内市场筹资	5841	6885	8397	29814	23342	39500	63761
其中：							
①首次公开发行筹资	1034		669	1579	1634	2186	1378
②现金再融资	2093	2803	4165	6711	13387	9209	5505
③债券融资	2713	4082	3563	21524	8321	28105	56878

三、新三板市场快速发展

新三板市场全称"全国中小企业股份转让系统"。全国中小企业股份转让系统于 2013 年正式揭牌，承接非上市股份公司股份转让。

新三板被誉为创业板上市企业的孵化器，可视为创新型企业进入资本市场的第一步。通过价格发现、引入风险投资、私募增资、银行贷款等方式增强挂牌企业的融资能力；同时，通过规范运作、适度信息披露、相关部门监管等，可以促进挂牌企业健全治理结构，熟悉资本市场，促进试点企业尽快达到创业板上市公司的要求。新三板市场是党的十八大之后我国建立的多层次资本市场体系的重要组成部分，有助于增强资本市场服务实体经济的能力。

2013 年，新三板市场新增挂牌企业 156 家。至 2017 年年底，新三板累计挂牌企业达到 11630 家，市值总额将近 5 万亿元。截至 2019 年

6月28日,新三板挂牌企业数为9921家。

2012—2018年全国中小企业股份转让系统市场主要指标统计

挂牌规模	2012年	2013年	2014年	2015年	2016年	2017年	2018年
挂牌公司家数	200	356	1572	5129	10163	11630	10691
总股本/亿股	55.27	97.17	658.35	2959.51	5851.55	6756.73	6324.53
总市值/亿元	336.10	553.06	4591.42	24584.42	40558.11	49404.56	34487.26

四、区域性股权市场不断完善

区域性股权市场是地方人民政府扶持中小微企业政策措施的综合运用平台,是主要服务于所在省级行政区域内中小微企业的私募股权市场,是我国多层次资本市场体系的重要组成部分。

2008年国际金融危机以来,为了破解中小企业融资难的问题,各地陆续成立了一批区域性股权交易市场。2012年以后区域性股权交易市场得以加速发展,成为多个地方金融改革的重点,呈现出地方政府大力推动、证券公司深度参与、中小企业踊跃挂牌的局面。2017年1月,国务院办公厅出台了《关于规范发展区域性股权市场的通知》,为促进区域性股权市场规范、健康、稳步发展提供政策指导。该通知文件要求各省级政府对区域性股权市场实施管理,积极稳妥推动市场发展,有多家市场的逐渐整合为一家。

区域性股权市场的功能主要包括:通过组织开展非上市公司股权融资、挂牌交易,探索建立中小企业、科技成长型企业直接融资渠道,促进非上市公司熟悉资本市场规则,完善公司治理结构,提升核心竞争能力,实现其健康快速成长;通过建立和完善市场化孵化筛选机制,源源不断地为主板市场和境外资本市场培育输送优质成熟的上市后备资源;努力建设一个具有投资价值、充满活力又高度自我稳定、集中统一的非上市公司股权市场,成为我国A股市场和新三板市场的必要补充和重要基础支撑。

建设多层次资本市场体系是我国一直以来的努力方向,也是未来新时代我国金融业发展的必然趋势,这有助于进一步提升金融支持实体经济的能力,又有助于满足富起来的广大人民群众的投资需求。2017年7月,习近平总书记在全国金融工作会议上指出:要把发展直接融资放在重要位置,形成融资功能完备、基础制度扎实、市场监管有效、投资者合法权益得到有效保护的多层次资本市场体系。党的十九大报告也将"提高直接融资比重,促进多层次资本市场健康发展"作为加快完善社会主义市场经济体制的重要组成部分,成为新时代进一步完善和发展资本市场的基本遵循和行动指南。

第三节
保险业持续快速增长

保险是金融业的重要组成部分,是现代经济的重要产业和风险管理的基本手段,是社会文明水平、经济发达程度、社会治理能力的重要标志。

保险的基本功能是经济补偿,包括两个方面:一是分摊风险,即将参加保险的少数成员因自然或意外事故所造成的损失分摊给多数成员来承担;二是补偿损失,就是将参加保险的全体成员建立起来的保险基金用于少数成员遭遇自然灾害或意外事故所受损失的经济补偿。随着生产力水平的提高和社会的进步,在基本职能的基础上又产生出若干派生职能，诸如分配职能、融资职能、社会管理功能等。从根本上说，现代保险主要有经济补偿、资金融通、社会管理三大功能。

改革开放以来，我国保险业快速发展，服务领域不断拓宽，为促进经济社会发展和保障人民群众生产生活作出了重要贡献。

党的十八大以来，在党中央国务院的正确领导下，保险业充分发挥风险分担和损失补偿功能，原保险保费收入快速增长，支付各类赔款和给付不断增加，保障能力不断增强，较好地实现了保险的基本功能。

2012—2018 年保险业原保险保费收入及赔付情况

项目	2012年	2013年	2014年	2015年	2016年	2017年	2018年
原保险保费收入/亿元	15488	17222	20235	24283	30959	36581	38017
同比增长率/%	8.0	11.2	17.5	20.0	27.5	18.2	3.9
支付各类赔款及给付/亿元	4716	6213	7216	8674	10513	11181	12298
同比增长率/%	20.18	31.74	16.14	20.21	21.20	6.35	9.99

党的十八大以来，保险业原保险保费收入额快速增长，从 2012 年的 15488 亿元，增加到 2017 年的 36581 亿元，增长了 1.36 倍；2018 年，全年保险公司原保险保费收入 38017 亿元，比 2017 年增长 3.9%。这充分体现了中国人民在富起来的过程中对保险保障需求的快速增长。同时，支付各类赔款和给付从 2012 年的 4716 亿元，增加到 2017 年的 11181 亿元，增长了 1.37 倍；2018 年，支付各类赔款及给付 12298 亿元，比 2017 年增长 9.99%。这充分体现了保险的风险保障功能，同时也助力社会稳定健康发展。在中国特色社会主义进入新时代的新征程中，人民群众对美好生活的向往必然包含着对意外风险的防范。习近平总书记在第五次全国金融工作会议上强调，要促进保险业发挥长期稳健风险管理和保障的功能，可以说是抓住了保险业的核心要义，也为今后保险业的发展指明了方向。

第四节
人民币国际化取得重大突破

人民币国际化是指人民币能够跨越国界，在境外流通，成为国际上普遍认可的计价、结算及储备货币的过程。党的十八大以来，随着我国经济实力的提升和金融改革开放的深入，中国参与国际金融事务逐渐增多，人民币跨境贸易结算和投资支付使用规模呈上升趋势；资本项目可兑换取得明显进展；国际合作成效显著；人民币作为国际储备货币取得标志性进展，在国际金融领域话语权进一步提升。习近平总书记在第五次全国金融工作会议上指出，党的十八大以来，人民币国际化和金融双向开放取得新进展。

一、人民币跨境贸易结算和投资支付使用规模呈上升趋势

2008年国际金融危机爆发后，中国经济仍保持较快增长，人民币汇率相对稳定，市场主体逐渐产生了使用人民币结算的客观需求。为顺应市场需求，促进贸易和投资便利化，2009年4月，国务院批准在上海、广州、深圳、珠海、东莞开展跨境贸易人民币结算试点。2011年8月，中国人民银行、财政部、商务部、海关总署、国家税务总局、中国银行业监督管理委员会联合发布《关于扩大跨境贸易人民币结算地区的通知》，明确将跨境贸易人民币结算境内地域范围扩大至全国。

2012—2018 年人民币贸易结算和投资情况

项目	2012 年	2013 年	2014 年	2015 年	2016 年	2017 年	2018 年
经常项目收付总额 / 万亿元	2.94	4.63	6.55	7.23	5.23	4.36	5.11
资本项目收付总额 / 万亿元	0.28	0.53	1.05	4.87	4.62	4.83	10.74

注：根据中国人民银行货币政策分析小组各年度《中国货币政策执行报告》整理。

党的十八大以来，无论是经常项目（货物贸易、服务贸易和其他经常项目）收付，还是资本项目（对外直接投资和外商直接投资）收付，人民币的使用范围都处于扩大的大趋势中。特别是资本项目收付，2018 年较 2012 年增长了约 37 倍，反映了国际社会对人民币的认可，也充分体现了我国世界第二大经济体和第一大贸易国的地位。

二、人民币资本项目可兑换取得明显进展

我国于 1996 年实现人民币经常项目可兑换后，即着手推进资本项目可兑换。由于 20 世纪末爆发了亚洲金融风暴，2008 年美国次贷危机引发全球性、系统性国际金融危机，实现人民币资本项目可兑换的步伐放缓。但是，由于人民币资本项目可兑换是我国进一步深化改革开放和完善社会主义市场经济体制不可或缺的内容，因此实践上采取了根据条件、根据利弊取舍的渐进步伐。

QFII（合格境外机构投资者）机制是一国在货币没有实现资本项目可兑换的情况下，有限度地引进外资、开放资本市场的一项过渡性的制度。2002 年 11 月，中国证券监督管理委员会、中国人民银行联合发布《合格境外机构投资者境内证券投资管理暂行办法》。2003 年 5 月至 12 月，瑞士银行、野村证券株式会社、摩根士丹利国际股份有限公司、花旗环球金融有限公司、高盛公司等 12 家境外投资者分别获批。为了进一步

规范合格境外机构投资者在中国境内证券市场的投资行为，中国证券监督管理委员会、中国人民银行、国家外汇管理局于 2006 年 8 月联合发布《合格境外机构投资者境内证券投资管理办法》。到 2018 年年底，共有 309 家境外投资者获得 QFII 资格。

RQFII 指人民币合格境外机构投资者。2011 年 12 月，中国证券监督管理委员会、中国人民银行、国家外汇管理局联合发布《基金管理公司、证券公司人民币合格境外机构投资者境内证券投资试点办法》。该办法中 RQFII 是指经主管部门审批的境内基金管理公司、证券公司的香港子公司，可以运用在香港募集的人民币资金开展境内证券市场投资业务，主要是为香港地区的人民币提供投资国内证券市场的渠道。2013 年 3 月，中国证券监督管理委员会、中国人民银行和国家外汇管理局联合发布修订后的《人民币合格境外机构投资者境内证券投资试点办法》，允许更多境外金融机构将离岸筹集的人民币资金投资境内资本市场。截至 2017 年 9 月，共有英国、新加坡、法国、韩国、德国、卡塔尔、加拿大、澳大利亚等 18 个国家和地区获得共 1.74 万亿元人民币额度。

RQDII 指人民币合格境内机构投资者。2014 年 11 月，中国人民银行发布的《关于人民币合格境内机构投资者境外证券投资有关事项的通知》指出，境内的合格机构投资者可以 RQDII 的形式投资境外的人民币计价资本市场。RQDII 机制的正式推出，不仅有利于丰富境内投资者的资产配置渠道，也有利于丰富离岸人民币计价产品，促进人民币离岸市场发展。正式开闸人民币合格境内机构投资者业务是人民币"走出去"路程中又一重要事件。

沪港通和深港通。2014 年 4 月，中国证券监督管理委员会正式批复开展沪港通试点，沪港通率先启动。2015 年 7 月，内地与香港基金实现互认。2016 年 12 月，深港通正式启动，进一步扩大了上市公司覆盖范围，取消了交易总额的限制，而且扩大了机构投资者范围。资本市场的双向互联互通进一步提升了市场主体使用人民币的积极性，人民币资本项目可兑换工作继续稳步推进。

三、人民币国际合作成效显著

人民币国际合作主要包括双边本币互换协议和人民币清算安排。双边本币互换协议是指互换双方可在必要之时，在一定规模内，以本国货币为抵押换取对方等额货币，向两地商业银行设于另一方的分支机构提供短期流动性支持。通过货币互换，将得到的对方货币注入本国金融体系，使得本国商业机构可以借到对方货币，用于支付从对方进口的商品。这样，在双边贸易中，出口企业可以收到本币计值的货款，可以有效规避汇率风险，降低汇兑费用。自2008年12月至2016年年末，中国人民银行已与中国香港地区、韩国、马来西亚、印度尼西亚、白俄罗斯、阿根廷等36个国家和地区的央行及货币当局签署了双边本币互换协议，总额达到3.3万亿元人民币。在人民币清算安排方面，跨境支付清算网络初步形成。全球范围内已设立25家人民币清算行。截至2019年1月，人民币跨境支付系统业务范围已覆盖162个国家和地区，共有直接参与者31家、间接参与者818家。银联卡全球受理网络已覆盖174个国家和地区，境外发行规模已超1亿张，跨境交易规模超9000亿元。

四、作为国际储备货币取得标志性进展

2016年10月，人民币正式加入特别提款权（SDR）货币篮子，成为货币篮子中继美元、欧元、日元、英镑后的第五种货币，其中人民币权重为10.92%，位列第三。人民币加入SDR货币篮子，体现了国际社会对中国综合国力和人民币国际使用功能的认可，是人民币国际化的重要里程碑。随着人民币储备货币地位逐渐被认可，越来越多的央行和货币当局把人民币作为其储备资产。2017年上半年，欧洲央行共增加等

值 5 亿欧元的人民币外汇储备。新加坡、俄罗斯等 60 多个国家和地区将人民币纳入外汇储备。国际货币基金组织（IMF）于 2017 年 3 月 31 日发布扩展了货币范围的"官方外汇储备货币构成"数据库，首次单独列出人民币外汇储备的持有情况。在单独列出人民币储备信息后，该数据库已包括了八种货币：美元、欧元、人民币、日元、英镑、澳元、加元、瑞士法郎。其他所有货币则被包含在"其他币种"项下，不作区分。根据国际货币基金组织 2018 年第二季度公布的人民币储备信息，"官方外汇储备货币构成"中报送国持有人民币储备规模为 1933.8 亿美元，已有超过 60 个境外央行或货币当局将人民币纳入官方外汇储备。

第五节　金融监管机制不断健全，防范系统性金融风险能力增强

20 世纪 80 年代以来，世界范围的经济周期波动多以金融危机的形式显现出来，发生了如墨西哥金融危机、东南亚金融危机、美国次贷危机等一系列黑天鹅事件或灰犀牛事件，形成了区域性或全球范围的系统性金融风险，全球经济发展、社会稳定出现巨大波动。而就在这样一个相同的历史时期，我国进行了历时 40 年的改革开放，金融业乃至整个经济发展取得了巨大成就。这一鲜明的对照一方面体现了中国特色社会主义的巨大优势，另一方面也揭示出巨大成就是在何等艰难的外部环境下取得的，同时也警示我们要充分重视我国面临的金融风险，进一步健全金融监管体系，防范系统性金融风险。这就使我们更加深刻理解了习近平总书记在党的十九大报告中提出的"健全金融监管体系，守住不发

生系统性金融风险的底线"的重要意义，也理解了为什么中央经济工作会议将打好防范化解重大风险攻坚战的重点放在防控金融风险上。

一、我国经济社会面临的金融风险

总体上讲，我国金融形势是好的，但我国金融领域尚处在风险易发高发期，金融风险高发多发态势依然复杂严峻，承受着国内外多重因素压力，潜在风险和隐患正在积累，脆弱性明显上升。

宏观层面的杠杆率偏高。高杠杆是宏观金融脆弱性的总根源，在实体部门体现为过度负债，在金融领域体现为过度信用扩张。供给侧结构性改革中的"去杠杆"主要就是指这两个方面。2016年年末，我国宏观杠杆率为247%，企业部门杠杆率达到165%，高于国际警戒线。部分国有企业债务风险突出，"僵尸企业"市场出清迟缓；一些地方政府以各类"名股实债"、政府投资基金、政府和社会资本合作（PPP）、购买服务等方式加杠杆。2015年年中的股市异常波动，2016年部分城市出现房地产价格泡沫化，就与场外配资和房地产信贷过快发展等加杠杆行为直接相关。

微观层面的金融机构信用风险。近年来，不良贷款有所上升，侵蚀银行业资本金和风险抵御能力。债券市场信用违约事件明显增加，债券发行量有所下降。一些金融机构从事"通道业务"所承担的风险敞口超过资本金的上百倍，存在巨大的潜在信用风险。金融机构信用风险影响整个社会甚至国际社会对我国金融体系健康性的信心。

影子银行和违法犯罪风险。一些金融机构和企业利用监管空白或缺陷"打擦边球"，套利行为较为严重。一些高风险操作打着"金融创新"的幌子，推动泡沫在多个市场积聚。理财业务多层嵌套，资产负债期限错配，存在隐性刚性兑付风险。各类金融控股公司快速发展，部分实体企业热衷投资金融业，通过内幕交易、关联交易等赚快钱。部分互联网企业以普惠金融之名,行庞氏骗局之实,线上线下非法集资多发,极易诱发跨区域群体性事件,如"e租宝"事件、泛亚交易所事件、钱宝网事件等,牵涉者众多。

二、把主动防范化解系统性金融风险放在更加重要的位置

习近平总书记在第五次全国金融工作会议上指出:"把主动防范化解系统性金融风险放在更加重要的位置,科学防范,早识别、早预警、早发现、早处置,着力防范化解重点领域风险,着力完善金融安全防线和风险应急处置机制。"

完善协调金融监管的顶层设计。国务院 1983 年 9 月决定由中国人民银行专门行使中央银行的职能,1992 年成立了中国证券监督管理委员会,1998 年成立了中国保险监督管理委员会,2003 年成立了中国银行业监督管理委员会,由此形成了"一行三会"的分业监管体制。近年来,随着中国金融改革和创新力度的不断加大,中国的金融体系发生了深刻的变化,金融机构跨行业、金融产品跨领域、金融业务跨市场、互联网金融跨平台、地方金融跨区、金融市场跨国界越来越多,给分业监管体制带来了严峻的挑战。为应对这种挑战,2017 年 11 月,国务院金融稳定发展委员会成立。其主要职责是落实党中央、国务院关于金融工作的决策部署;审议金融业改革发展重大规划;统筹金融改革发展与监管,协调货币政策与金融监管相关事项,统筹协调金融监管重大事项,协调金融政策与相关财政政策、产业政策等;分析研判国际国内金融形势,做好国际金融风险应对,研究系统性金融风险防范处置和维护金融稳定重大政策;指导地方金融改革发展与监管,对金融管理部门和地方政府进行业务监督和履职问责等。2018 年 3 月,中共中央印发《深化党和国家机构改革方案》,决定组建中国银行保险监督管理委员会,主要解决现行体制存在的监管职责不清晰、交叉监管和监管空白等问题,

强化综合监管，优化监管资源配置，更好统筹系统重要性金融机构监管，逐步建立符合现代金融特点、统筹协调监管、有力有效的现代金融监管框架，守住不发生系统性金融风险的底线。

金融监管的重点与措施。党的十八大以来，面对复杂严峻的监管挑战，以习近平同志为核心的党中央审时度势，沉着应对。在2017年7月召开的全国金融工作会议上，习近平总书记准确把握金融业在经济社会发展中的重要作用，准确把握防范系统性金融风险的重要性，强调防止发生系统性金融风险是金融工作的永恒主题，对强化金融监管、提高防范化解系统性金融风险能力工作进行了部署。一是推动经济去杠杆，坚定执行稳健的货币政策，处理好稳增长、调结构、控总量的关系，特别是把国有企业降杠杆作为重中之重，抓好处置"僵尸企业"工作。二是严控地方债务增量，各级地方党委和政府要树立正确政绩观，严控地方政府债务增量，终身问责，倒查责任。三是规范金融市场、金融业务、金融机构监管，坚决整治严重干扰金融市场秩序的行为，严格规范金融市场交易行为，规范金融综合经营和产融结合，加强互联网金融监管，强化金融机构防范风险主体责任。四是加强社会信用体系建设，健全符合我国国情的金融法治体系。

系统性金融风险虽是小概率事件，但它是金融安全、经济安全和国家安全的底线。系统性风险也是由个体风险由小及大而成，正所谓蚁穴溃堤，量变形成质变。我们要坚持问题导向，树立忧患意识，增强底线思维，切实做好系统性金融风险防范工作，使金融业在新时代为实现"两个一百年"奋斗目标既发挥提供动能作用，又起到保驾护航作用。

第九章
开放型经济体制逐步健全

中国对外开放的大门不会关闭,只会越开越大,这是2018年的中国声音,这是新一轮对外开放的进程。早在20世纪80年代,中国就实施了对外开放的政策。开放首先是从沿海城市开始的,1980年在深圳、珠海、汕头、厦门设立了经济特区,四年以后增加了14个沿海开放城市,还有后来的长江三角洲、珠江三角洲、闽南三角地区、辽东半岛、山东半岛、环渤海地区等沿海经济开放区。中国的海岸线很长,港口众多,2016年在全球排名前十位的港口中,中国就占有七个,而且世界上有近1/4的贸易额在这里产生,每年有数以万亿美元计的货物进进出出。比如说上海港,它的洋山港区是世界上最繁忙的码头,每天有四五万个集装箱在这里流转,每天迎来送往十来艘远洋货轮。还有青岛港的董家口散货码头,是可以满载停靠40万吨以上货轮的陆基码头,如此大吞吐量的泊位全世界也是少有的。这些开放的港口在对外贸易的货物流转过程中发挥了重要作用。中国对外开放经过40年的发展,沿海开放的城市已经成为中国最发达的城市和地区,深圳已成为中国四大一线城市之一,并且有"创客之城"的美誉,它是中国对外开放的窗口,深圳速度是中国快速发展的亮点。

第一节
世界贸易的发展演进

在新航路开辟之前,地球上各地区之间的人类文明交流较少,国家与国家之间的相互影响也不大。但是后来的地理大发现改变了这一状况,它加快了国家与国家之间贸易往来的进程,形成了贸易全球化的发展趋势。事实证明,过去几百年,大国的崛起都与对外贸易的繁荣密切相关,对外扩张和贸易往来缔造了葡萄牙、西班牙、荷兰和后来强势的英国和美国的辉煌。

一、世界贸易强国的出现

国际贸易跨越了一个国家的自然领土边界,带来了新旧文明的冲撞和融合,贸易聚集的能量促进了民众生活的改善和国家经济的增长。英国率先进行工业革命,因为商业的需要,一直在寻找海外市场。新航路的开辟推动了英国全球殖民体系的建立,形成了英国支配的世界市场。工业革命之后,英国在全世界最早推行自由贸易政策,并在18世纪中叶到19世纪中叶称霸全球。1890年至1920年全球经济进入了第一轮全球化的黄金时期,主要是以货物交换为主。当时的贸易强国主要包括英国、美国、西欧国家和日本。

1929年至1933年美国发生了经济大萧条,后来又发生了第二次世界大战，全球化经历了严重的萎缩和倒退。为了推动各国经济的发展，1947 年 23 个国家在日内瓦签订了"关税及贸易总协定"，确立了以自由贸易为特征的国际贸易体系。世界贸易的发展，对日本的崛起和德国经济的恢复起到了至关重要的作用。

韩国从 1962 年起提出了"贸易立国""出口第一"等一系列口号，开始进入以出口为导向的发展时期。政策的推动使得贸易规模急速扩大，大量外资流入，加快了经济的快速发展。加入世界贸易组织，使得韩国经济的国际化程度大幅度提高，成为"亚洲四小龙"之一。在二十世纪五六十年代的贸易全球化过程中，亚洲只有日本和韩国实现了从低收入国家向高收入国家的转变，日本用了 12 年的时间跨入发达国家的行列，韩国用了 8 年时间。

20 世纪 90 年代，以资本和技术为动力的科技革命推动了全球贸易的发展，推动了产业的升级和经济的可持续增长。中国的改革开放抓住了这次全球化的机会，实现了对外贸易对国民经济的拉动作用。

1960 年全球对外贸易依存度为 25.4%，1970 年为 27.9%，1990 年为 38.7%，2000 年上升至 41.7%，2003 年接近 45%，国际贸易往来依存度不断加大。

二、中国对外贸易的发展

中国对外贸易的发展经历了三个阶段。第一阶段是 1985—1990 年，出口缓慢增长。这一阶段，由于国内资源紧缺和大量技术设备的进口，促成中国进口依存度连续多年高于出口依存度。第二阶段是 1990—2000 年，出口依存度超过进口依存度。这一阶段，劳动密集型产业的崛起和加工贸易的开展，使得出口迅速增长，1994 年我国对外贸易依存度就突破了 40%。第三阶段是 2001 年至今，中国跻身中等对外贸易依存度的国家行列。2001 年中国加入 WTO，2004 年中国进出口贸易总额历史性地突破了 1 万亿美元关口，超过日本，名列世界第三。中国对外贸易的依存度 2002 年是 50%，2005 年是 63%，2006 年高达 67%。即便是遇到 2008 年的金融危机，中国的对外贸易依存度还有 60.2%。对外依存度高并不能说明经济形势有多好，如果外国经济衰退或经济增长不景气，需求下降，就会造成我国产能过剩，会带来巨大的损失。

中国历经 40 年的对外开放，社会经济的发展已经融入世界经济体系当中。2010 年，中国的经济总量超过日本，成为世界第二大经济体。2013 年，中国的"一带一路"高举和平发展的旗帜，积极发展与沿线国家的经济合作伙伴关系，共同打造利益共同体、命运共同体和责任共同体。中国离不开世界，世界更依赖中国。

三、中美贸易的不平衡发展

当前，美国是世界最大的发达国家，中国是世界最大的发展中国家，两国的经贸往来关系对世界经济的发展有重大影响。

第二次世界大战以后，美国的经济产出占到全球经济的一半，1960 年这一比例仍然有 40%，如今，美国的 GDP 总量占世界总量的 22% 左右。美国的金融市场非常发达，它的经济政策的变化对其他各国对外贸易的发展会产生至关重要的影响。美日的广场协议、1997 年的东南亚金融危机、2008 年的美国次贷危机等，都造成全球经济的下行。

2001 年，中国加入了世贸组织，中国的经济融入了全球的分工体系之中。2017 年，中国的全年国内生产总值已超过 12 万亿美元，美国是 19 万多亿美元，而世界第三大经济体日本的 GDP 不到 5 万亿美元，从数字上看，中国的经济总量是日本的 2.5 倍。此外，中国早已是全球第一大货物出口国。

2013 年中国倡导"一带一路"，大力推动建设全球发展伙伴关系，促进各国共同繁荣。中国政府致力于推动贸易和投资的自由化和便利化，反对贸易保护主义，积极推动改善全球的经济治理。但是美国进入了特朗普时代，"逆全球化"思潮兴起，保护本国产业而竞争性加税，跨国贸易出现了波折。2017年1月，习近平主席在达沃斯世界经济论坛的主旨讲演中指出，"我们要主动作为、适度管理，让经济全球化的正面效应更多释放出来"，"坚持互利共赢的开放战略，不断提升发展的内外联动性，在实现自身发展的同时更多惠及其他国家和人民"。中国倡导的"一带一路"，是为全方位、多层次的国际合作搭建的一个崭新的平台，也是参与全球治理体系变革的中国行动。2018年3月23日，美国总统特朗普正式签署对华贸易备忘录，对从中国进口的600亿美元商品加征关税，并限制中国企业对美国投资并购，中美贸易摩擦升级。美国仍是世界上经济和综合国力最强的超级大国。专家指出，如果中美相互之间发生贸易限制、贸易报复，不仅会对中美两国，也会对世界经济造成灾难性的影响。

第二节
中国近期的货物贸易和服务贸易情况

一、中国进出口贸易稳中向好

进出口贸易额是指实际进出我国国境的货物总金额，它既包括出口货物的金额，也包括进口货物的金额。如果出口货物金额大于进口货物金额，就是贸易顺差。反过来，出口金额小于进口金额，就是贸易逆差。贸易顺差有利于刺激经济的增长，增强综合国力，但也不是说贸易顺差越多越好。贸易顺差是出口量大于进口量，又称出超。出超金额大反而反映出一个国家的经济增长对外依存度高，受到外界需求变化的影响大，会造成国内经济发展的不稳定。

20世纪90年代，中国的贸易额总体呈快速增长趋势。中国加入WTO后到2011年，贸易额更是以20%~30%的速度增长（受2008年金融危机影响，2008年增长率略有下降，2009年负增长），到了2012年，货物出口的高增长时代结束了，出现了个位数的增长率，甚至是负增长。

2017年的货物贸易情况与前两年相比，呈稳中向好的局面。下表是从2013年到2018年的中国贸易进出口总额、出口总额、进口总额的情况。

2013—2018年中国贸易进出口总额、出口总额、进口总额情况

项目	全年货物进出口总额/亿元	增长率/%	出口总额/亿元	增长率/%	进口总额/亿元	增长率/%	进出口顺差/亿元
2013年	258267	7.6	137170	7.9	121097	7.3	16073
2014年	264334	2.3	143912	4.9	120423	−0.6	23489
2015年	245741	−7.0	141255	−1.8	104485	−13.2	36770
2016年	243386	−0.9	138455	−1.9	104932	0.6	33523
2017年	277923	14.2	153321	10.8	124602	18.7	28719
2018年	305050	9.7	164177	7.1	140874	12.9	23303

2013年，中国进出口总额是258267亿元，根据世界贸易组织的统计数据，中国是世界上第一大货物贸易大国，这是中国贸易史上一次节点性的伟大成就。但是到了2014年，由于世界经济增长低迷，中国结构性的矛盾凸出，面对复杂的国内外环境，中国的进出口总额的增长率只有2.3%。随后的2015年和2016年，中国全年货物进出口总额连续两年出现了负增长，2015年下降了7.0%，2016年下降了0.9%。其间的世界贸易也出现了负增长，造船业的新订单暴跌五成，韩国最大的航运企业破产，美国的贸易也罕见萎缩。但是2017年有所改变，中国对

外贸易稳中向好，进出口总额达到 27.79 万亿元人民币，较 2016 年增长 14.2%，结束了两年负增长，实现了恢复性增长。其中出口额 15.33 万亿元，增长 10.8%；进口额 12.46 万亿元，增长 18.7%；贸易顺差 2.87 万亿元。2017 年，世界经济的温和复苏推动了我国进出口贸易的增长。2017 年中国对三大贸易伙伴欧盟、美国、东盟进出口额同步增长，增长率分别是 15.5%、15.2% 和 16.6%，这三者合计占我国进出口总额的 41.8%；同期，我国对俄罗斯、波兰和哈萨克斯坦等国进出口额分别增长 23.9%、23.4% 和 40.7%，均高于总体增幅。另外，我国与"一带一路"沿线国家进出口贸易的增长也极大促进了中国经济和沿线国家经济的共同发展。这些都是 2017 年对外贸易取得的好成绩。

2018 年，我国贸易进出口继续保持快速增长。全年货物进出口总额达 305050 亿元，比 2017 年增长 9.7%。其中，出口 164177 亿元，增长 7.1%；进口 140874 亿元，增长 12.9%。全年进出口总额、出口总额、进口总额均创历史新高。货物进出口顺差 23303 亿元，比 2017 年减少 5000 多亿元。

二、中国出口的货物销往世界各地

1. 中国货物的主要出口地

我国对外贸易货物出口针对的主要国家和地区有欧盟、美国和东盟。具体情况见下表。

2014—2018 年中国对主要国家和地区的出口额

（单位：亿元）

出口对象	2014 年	2015 年	2016 年	2017 年	2018 年
欧盟	22787	22096	22369	25199	26974
美国	24328	25425	25415	29103	31603
东盟	16712	17221	16894	18902	21066

表中所列的欧盟、美国、东盟居我国每年出口额的前三位。2014年我国出口总额是 14.39 万亿元人民币，对这三个国家和地区的出口额就达到 6.38 万亿元，占中国对外出口总额的 44.4%。2015 年、2016 年和 2017 年我国出口总额分别是 14.13 万亿元、13.85 万亿元、15.33 万亿元，中国对这三个贸易伙伴的出口额分别是 6.47 万亿元、6.47 万亿元、7.32 万亿元，占当年的出口总额比分别是 45.8%、46.7%、47.7%。中国对欧盟、美国、东盟的出口占到总出口的近一半。2018 年，我国对欧盟、美国和东盟的出口分别达到 2.70 万亿元、3.16 万亿元和 2.11 万亿元，比 2017 年分别增长 7%、8.6% 和 11.4%。中国香港地区是内地的第四大出口地，2017 年内地对香港出口贸易额达到了 1.9 万亿元人民币。香港自回归以来，与内地的经贸交流与合作水平不断提升，两地优势互补、合作共赢，这对保持香港贸易中心、航运中心和金融中心的地位发挥了重要作用。中国对东盟的贸易额，在 2014 年、2015 年、2016 年、2017 年和 2018 年分别是 1.67 万亿元、1.72 万亿元、1.69 万亿元、1.89 万亿元和 2.11 万亿元，2016 年略有下降，但各年的出口贸易额总体水平差异不大。东盟是中国的第三大贸易伙伴，对它的年出口额维持在 1.8 万亿元左右。从 2014 年到 2018 年，我国对美国的出口依赖度增强。这与美国在 2008 年的金融危机之后经济复苏势头比较强劲，市场需求有所增长有关；再加上人民币的被动升值，我国对欧盟和日本等其他贸易伙伴的出口受到影响。2017 年中国对全球的总出口额是 15.33 万亿元人民币，这一年中国对美国出口额占中国总出口额的 19.0%。2018 年 3 月，美国挑起贸易战，限制中国的贸易，美国自身也要受到影响。据美国官方数据，2016 年，中国是美国农产品第二大出口市场，占美国农产品出口的 15%。中国制造的产品为美国中低收入的家庭带来了实惠，也对美国的消费物价水平起到了平抑作用。最近十年，美国对中国的出口增长也十分迅速。中美两国的贸易相互往来，相互依赖。中国政府重视建设中美两国新型关系，主张两国间加强对话，增加互信，发展合作，管控分歧，保持耐心和智慧处理纷争。当地时间 2018 年 5 月 19 日，中美两国在华盛顿就双边经贸磋商发表联合声明，表示达成共识，不打贸易战。国际社会对此给予高度评价。

2. 中国出口的产品种类

从近几年的出口占比看，拉美、非洲和大洋洲是我国出口的集中地。对拉美的出口增长尤为突出。我国出口的产品，主要集中在机电产品和传统劳动密集型产品，具体包括电器及电子产品、机械及设备、高新技术产品、服装及衣着附件、纺织品、鞋类、家具和塑料制品等。2017 年，我国机电产品出口 8.95 万亿元，同比增长 12.1%，占我国出口总值的 58.4%。其中汽车出口同比增长 27.2%，自动数据处理设备及其部件出口同比增长 18.1%，手持或车载无线电话出口同比增长 11.3%；传统劳动密集型产品合计出口 3.08 万亿元，约占出口总值的 20.1%。2018 年，我国出口商品结构持续优化，机电和高新技术产品占比扩大。机电产品出口 9.6 万亿元，增长 7.9%，高于总体增速 0.8 个百分点；高新技术产品出口 4.9 万亿元，增长 9.3%，高于总体增速 2.2 个百分点。中国经济的发展，在国内"互联网+"的背景下，外贸改变着传统的商业模式，许多有优势的外贸企业转向了靠技术、服务、客户体验打造产品品牌，并将其作为企业未来的发展方向。外贸出口的产品将走出低端、规模、廉价的传统模式，更加注重产品的精细化和个性化特征，来尽量满足消费者的消费需求。

3. 中国集装箱的出口额上升

世界贸易的发展，产生了大量的货物进出口运输需求，这种需求带来了集装箱制造业的繁荣。欧美国家的经验表明，多式联运能够提高运输效率，减少货物损失，降低运输成本。多式联运是指由两种及两种以上的交通工具相互衔接、转运而共同完成的运输过程。集装箱是多式联运的重要载体。从国家统计局公报的数据来看，我国集装箱的出口量有一定的变化特点：起起落落，基本是每三年一个峰值。2008年、2011年、2014年和2017年集装箱的出口量达到峰值，每年的数量有300多万个，金额分别是91亿美元、114亿美元、553亿美元、567亿美元。中国出口集装箱运价指数已经成为航运市场的"晴雨表"，它是继波罗的海干散货运价指数之后的世界第二大运价指数，被联合国贸易和发展会议海运年报作为权威数据引用。

三、中国的货物进口

进口贸易又称输入贸易，是指外国商品输入本国市场销售。在进口贸易上，中国想从美国购买高科技产品，美国非但不卖，还实行管制。长期以来，以美国为首的40多个国家禁止向中国出售500多种高科技产品。那么，中国都从哪些国家和地区进口？具体如下表。

2014—2018年中国对主要国家和地区的进口额

（单位：亿元）

进口对象	2014年	2015年	2016年	2017年	2018年
欧盟	15031	12985	13747	16543	18067
美国	9764	9238	8887	10430	10195
东盟	12794	12097	12978	15942	17722
日本	10027	8881	9626	11204	11906
韩国	11677	10847	10496	12013	13495

欧盟是中国进口额最高地区，五年中平均每年有1.53万亿元；东盟紧随其后，我国对其进口额平均每年有1.43万亿元。在日本和韩国两国中，中国从韩国的进口额始终高于从日本的进口额，从韩国的平均进口额是1.17万亿元。从上表可以看出，从美国的进口额直到2017年才突破万亿元大关。

中国进口的主要商品是能源资源性产品，有原油、铁矿砂、天然气等，这些商品进口稳定增长；还有进口增长较快的商品，主要是重要设备和关键零部件，有集成电路、发动机、数控机床和水海产品等。芯片是我国第一大进口商品，紧随其后的是原油。据美国能源信息署公布的数据，2017 年中国日均原油进口量是 840 万桶，超过美国的日均 790 万桶进口量，成为全球第一大原油进口国。2017 年，中国自己生产的原油是 1.9 亿吨，但进口原油则超过 4 亿吨，中国石油对外的依赖程度逼近 70%。中国对天然气的进口也在飙升，对外依赖程度逼近 50%。伦敦和纽约是全球两大石油定价中心，它们靠的是强势货币（英镑、美元）和金融中心的关键因素。中国希望获得石油定价权来实现人民币国际化，因此中国鼓励在石油的现货交易中用人民币结算。产油国想卖给中国石油，也想获得中国的投资，使用人民币容易被接受。2018 年 3 月 26 日，中国原油期货在上海期货交易所上海国际能源交易中心正式挂牌交易。目前全球石油贸易量的 85% 都会参照欧美原油期货交易所的价格作为基准价，尽管中国是第一大石油进口国，但在石油定价上，中国几乎没有话语权，购买原油只能按欧美原油交易所的价格定价。而且，在亚太地区缺乏权威的石油期货市场，单一客户面对 OPEC（石油输出国组织）巨头谈判时处于不利地位，迫使亚太客户接受更高的石油价格，为此，中国每年要多支出数十亿美元。上海原油期货的挂牌，意义重大，它不仅能解决原油的定价权问题，也能解决能源问题，最终解决金融问题。它代表了中国以及亚太地区的利益。

2018 年，中国进口额达 14.1 万亿元，较 2017 年增长 12.9%。这一年，中国进口增长对外贸增长的贡献率达到 56.6%，成为拉动外贸增长的重要动力。部分重要设备和关键零部件、优质消费品进口增长较快，其中集成电路进口增长 16.9%。部分降税商品进口增速较高，如化妆品和水海产品进口分别增长 67.5% 和 39.9%。原油、天然气、铜精矿、煤、纸浆、原木等大宗商品进口数量分别增长 10.1%、31.9%、13.7%、3.9%、4.5% 和 3.9%，有效保障了国内市场需求。

2018 年 11 月 5 日至 10 日，首届中国国际进口博览会在上海举行，国家主席习近平在开幕式主旨演讲中指出：中国国际进口博览会，是迄今为止世界上第一个以进口为主题的国家级展会，是国际贸易发展史上一大创举。举办中国国际进口博览会，是中国着眼于推动新一轮高水平对外开放作出的重大决策，是中国主动向世界开放市场的重大举措。这体现了中国支持多边贸易体制、推动发展自由贸易的一贯立场，是中国推动建设开放型世界经济、支持经济全球化的实际行动。

首届中国国际进口博览会取得丰硕成果。此次博览会共吸引 172 个国家、地区和国际组织参会，3600 多家企业参展，超过 40 万名境内外采购商到会洽谈采购，累计意向成交 578.3 亿美元。

四、中国的服务贸易占比不断提升

中国对外服务贸易，是对外贸易经济的重要组成部分。虽然近年来对外服务贸易不断提升，但在对外贸易进出口总额中占比还是偏低，这表明我国的出口贸易仍以产品出口为主，以服务出口为辅。这与我国第二大经济体的地位不相匹配。

中国对外服务贸易的特点是逆差大，就是进口服务大于出口服务，进口花得多，出口赚得少。2014 年我国对外服务贸易进口 3821 亿美元、出口 2222 亿美元，逆差 1599 亿美元，有逆差说明进口多，这会导致外汇减少。我国服务业出口方面少，意味着我们提供的服务产品竞争力不强。2016 年我国对外服务贸易进口 3.53 万亿元、出口 1.82 万亿元，逆差增至 1.71 万亿元。逆差扩大说明我国境内服务业水平发展不足。2018 年我国服务进出口总额 52402 亿元，比 2017 年增长 11.5%，规模创历史新高，连续第五年位居全球第二。其中，出口17658亿元，增长14.6%，是2011年以来的最高增速；进口34744亿元，增长10%。随着服务业特别是生产性服务业发展水平的提高，中国专业服务领域国际竞争力不断增强，服务出口增速连续两年高于进口增速。我国服务贸易结构持续优化，高质量发展取得积极进展。

我国政府非常重视对外服务贸易的发展，2012年以来，相继出台了《服务业发展"十二五"规划》《中国国际服务外包产业发展规划纲要（2011—2015）》，促进中国服务贸易体系的全面开展，推进金融、教育、文化、医疗等服务领域有序开放。2013年，上海自由贸易试验区正式挂牌，为进一步扩大对外开放、发展服务贸易起到示范效应。2018年启动服务贸易创新发展引导基金项目，基金规模达300亿元。这将进一步促进我国外贸发展方式转变，培育经济增长新动能。

第三节
吸引外资与对外投资的双向快速增长

一、吸引外资

世界上没有哪一个国家能够拥有无限的资源来发展本国的经济，在缺乏资金、技术和能源的前提下，就得与他国互通有无，进行商贸往来。从实际情况看，利用外资的方式有两类：一是直接利用外资，就是吸收外资直接投资本国的企业生产和建设，可以合作开发、合作经营或者是合资经营。这种方式的特点是相对持久、稳定。二是间接利用外资，就是找国外贷款，有国际货币基金组织、世界银行提供的贷款，有外国政府的贷款，以及从国际金融市场上筹集的资金等。这种方式存在一定的风险。

二、中国引进外资的情况

我国从1983年开始到2018年，直接利用外资的具体数据如下。

1983—2018年外商直接投资（不含银行、证券、保险）及其增长速度

（单位：亿美元）

年份	1983年	1984年	1992年	1997年	1998年	2000年	2001年
外商直接投资额	9.1	13.4	111.6	453	456	407	468
增长率/%	—	47.3	179	8.5	0.7	1.0	14.9
年份	2004年	2006年	2008年	2010年	2014年	2015年	2018年
外商直接投资额	606	694.7	924	1057.4	1195.6	1263	1350
增长率/%	13.3	-4.1	23.6	17.4	1.7	6.4	3.0

1983年直接吸引外资只有9.1亿美元，以后逐年增多，增长速度最快的为1992年，高达179%。1998年由于受亚洲金融危机影响，我国直接利用外资的增长率下降到了0.7%；中国加入世贸组织后，利用外资的水平逐步恢复；2008年美国发生次贷危机，我国直接利用外资的增长率仍有23.6%；2010年外商直接投资突破千亿美元大关；到2018年，外商直接投资达到1350亿美元，这是中国直接利用外资规模所达到的历史新高点。

三、中国企业对境外的直接投资达到千亿美元

伴随着中国经济的快速发展，中国已从资本流入国变成资本输出

大国。"引进来"与"走出去"相结合将成为中国新一轮对外开放的重要战略。政府鼓励有比较优势的各类所有制企业展开对外直接投资和跨国经营，促成对外直接投资的迅速发展，传统的制造业逐步向服务业和高新技术产业靠近，跨国并购也成为我国对外直接投资的重要方式。"十二五"规划就强调按照市场导向和企业自主决策的原则引导各类所有制企业有序到境外投资合作。

自 2005 年开始，我国官方公布的中国企业对外直接投资的具体数据如下。

2005—2018 年中国对外直接投资（非金融部分）情况

（单位：亿美元）

年份	2005年	2006年	2008年	2010年	2012年	2013年	2014年	2015年	2016年	2017年	2018年
金额	69	161	407	590	772	902	1029	1180	1701	1201	1205
增长率/%	25.8	31.6	63.6	36.3	28.6	16.8	14.1	14.7	44.1	−29.4	0.3

我国对外直接投资 2005 年为 69 亿美元，2012 年增长势头强劲。2008 年的增长率最高，有 63.6%。2017 年，中央出台一系列政策，严格监管国内企业在境外投资的房地产、酒店、娱乐业、体育俱乐部等项目，从数据上可以看到对外直接投资下降了 29.4%。2018 年，我国对外直接投资 1205 亿美元，比 2017 年增长 0.3%。

中国对外直接投资集中在能源、基础设施、市场服务和先进制造企业等领域。为了在全球产业链中获得更大附加值，中国制造业有向上游发展的要求，这是内生的动力。中国制造业的对外投资是以并购国外高新技术企业为特征，以促进国内产业结构的升级，提升中国企业在全球价值链中的地位。

党的十九大报告指出，要以"一带一路"建设为重点，坚持引进

续表

来和走出去并重;创新对外投资方式,促进国际产能合作,形成面向全球的贸易、投融资、生产、服务网络,加快培育国际经济合作和竞争新优势。这为新时代的对外投资指明了方向。中国已成为重要的投资大国,中国企业逐渐成为对外投资的一支重要的新生力量。

第四节
外汇储备保持较高水平

外汇储备是一个国家货币当局所持有的、被各国普遍接受的外国货币。它实际上是一国拥有的国外资产,是国际储备中最为重要的储备资产。外汇储备的多少,反映一国的国际收支能力,关系到该国货币汇率的维持和稳定,它是显示一个国家经济实力的重要指标。

伴随着中国经济的高速发展,中国的外汇储备从无到有。1981年,我国的外汇只有27亿美元,以后持续增加,如今达到3万多亿美元,规模居世界第一。外汇储备各年的具体数据见下表。

1981—2018年中国外汇储备情况

(单位:亿美元)

年份	外汇储备额	年份	外汇储备额	年份	外汇储备额
1981年	27	1994年	516	2007年	15282
1982年	70	1995年	736	2008年	19460
1983年	89	1996年	1050	2009年	23992
1984年	82	1997年	1399	2010年	28473

续表

年份	外汇储备额	年份	外汇储备额	年份	外汇储备额
1985 年	26	1998 年	1450	2011 年	31811
1986 年	21	1999 年	1547	2012 年	33116
1987 年	29	2000 年	1656	2013 年	38213
1988 年	34	2001 年	2122	2014 年	38430
1989 年	56	2002 年	2864	2015 年	33304
1990 年	111	2003 年	4033	2016 年	30105
1991 年	217	2004 年	6099	2017 年	31399
1992 年	194	2005 年	8189	2018 年	30727
1993 年	212	2006 年	10663		

1990年以前，中国的外汇储备不到100亿美元。我国在1990年和1991年多次下调了人民币汇率，1991年的外汇储备达到217亿美元。1994年推进外汇体制改革，人民币大幅贬值，同时实行外汇结售汇制度，1996年外汇储备增加到1050亿美元。2001年中国加入世贸组织时，外汇储备达2000多亿美元。2006年外汇储备突破万亿美元关口，超过日本，位居世界第一。2009年，我国外汇储备突破2万亿美元，利用外资水平明显提高，由此进入外汇储备新阶段。

2012年外汇储备达到3.3万亿美元。2014年达到历史峰值3.84万亿美元。此后外汇储备有所下降，2015年降幅最大，减少外汇储备5000多亿美元。2016年出现了"连降"，临近"破3"（3万亿美元）。2017年除1月份下降外，之后出现了连续11个月的增长，比上年增加了1294亿美元。2018年年末，国家外汇储备为3.07万亿美元，比2017年年末减少672亿美元。

从2011年到2018年，我国的外汇储备都在3万亿美元以上，外汇储备数额巨大。外汇储备如果比例过大，超出了正常贸易支出、债务支出、防止风险的需要，反而会有一定的负担。

20世纪90年代，工业发达国家开始了产业结构调整和产品的优化升级过程，把纺织、塑料玩具和电子装配等劳动密集型的制造业转移到发展中国家。那时，我国正值改革开放，也很自然地融入了这场世界性的产业转移中，外商投资企业蜂拥而至，成为中国外贸发展的主力军。大量的贸易顺差，是中国的外汇储备逐年增加的基础。同时，中国对外贸易的高顺差是中国内部经济不平衡的反映，是由高储蓄、高投资、低消费的结构造成的。高储蓄转移至境外，进一步扩大了国际收支的顺差，这也是外汇储备持续增加的基础。由此可见，外汇储备不是越高越好，当外汇储备过高时，会带来一定的问题。

目前我国实行的是以市场为基础的汇率制、单一汇率制和有管理的浮动汇率制，能保证人民币汇率在合理、均衡水平上的基本稳定。过去十多年的人民币汇率稳定，促进了中国经济的发展和改革开放。2018年，包括中国在内的全球主要经济体复苏趋势明显，从2016年年底到2018年年初，美联储连续加息5次，美国进入加息周期，欧洲、日本也在逐步退出货币宽松政策，全球货币政策正常化的趋势相对明显，中国的货币政策与全球的货币政策相协调，有助于外汇市场的稳定。中国的货币政策要考虑到国内的经济和金融形势，进行综合考量，引导货币信贷和社会融资规模合理增长，并与公开市场操作利率小幅上行相结合，以利于供给侧结构性改革和为经济高质量发展营造适宜的货币金融环境。2016年10月，人民币正式加入SDR货币篮子，标志着人民币正式成为主要的国际储备货币，这是人民币国际化的重要里程碑。2017年6月，欧洲央行宣布增加等值5亿欧元的人民币外汇储备。随后，德国联邦银行决定将人民币资产纳入外汇储备。2009年开展人民币跨境贸易结算以来，人民币的国际化取得了长足发展。截至2017年6月，全球有1900多家金融机构使用人民币作为支付货币，有新加坡和俄罗斯等 60 多个国家和地区将人民币纳入外汇储备。

2018 年 5 月人民币跨境支付系统（CIPS）（二期）全面投产，其运行时间覆盖全球各时区的工作时间，支持全球的支付与金融市场业务，满足全球用户的人民币业务需求。这是为推动人民币国际化而建设的重要金融基础设施。

党的十九大报告提出建设现代化经济体系，推动形成全面开放新格局。伴随着我国经济发展水平的提高，中国在全球的经济地位不断攀升。将"一带一路"的建设放在更加重要的位置，是我国在新的历史条件下实行全方位对外开放的重大举措，是推行互利共赢的重要平台，坚持共商、共建和共享的原则，实现中国和沿线国家的共同发展。经济全球化、社会信息化极大解放和发展了社会生产力，新兴国家和发展中国家的崛起已经成为势不可当的历史潮流，当今世界，各国相互依存、休戚与共，推进相互尊重、平等相待、互学互鉴，获得共同发展，共享未来。合作共赢是新型国际关系的核心，中国将始终做世界和平的建设者，坚定走和平发展的道路，奉行互利共赢的开放战略，同心打造人类命运共同体，创造人类的美好明天。

后　记

本书为湖南教育出版社《今日中国》系列丛书之一。全书由孙利统稿、定稿。写作分工如下：

孙　利：前言，第六章，第八章。

孟宪勇：第一章，第四章。

贺敬垒：第二章，第三章。

刘金增：第五章，第七章。

王秀丽：第九章。

本书的出版得到湖南教育出版社领导的大力支持，本书编辑张洵先生做了大量专业而细致的工作，丛书主编颜晓峰教授对本书的框架设计和写作思路给予了明确而清晰的指导，在此一并表示感谢。

孙　利

2018 年 10 月于天津大学北洋园

图书在版编目（CIP）数据

经济奇迹 / 朱建纲，颜晓峰主编. —长沙：湖南教育出版社，2019.8　（今日中国）
　　ISBN 978-7-5539-5466-0

　　I. ①经… Ⅱ. ①朱… ②颜… Ⅲ. ①中国经济—经济建设—成就 Ⅳ. ①F124

中国版本图书馆CIP数据核字（2019）第021222号

今 日 中 国
经 济 奇 迹
JINGJI　QIJI

总　策　划：	黄步高
执 行 策 划：	黄永华　董静静
主　　　编：	朱建纲　颜晓峰
本册主编：	孙　利
责任编辑：	张　洵
装 帧 设 计：	谢俊平
出版发行：	湖南教育出版社（长沙市韶山北路443号）
网　　　址：	www.bakclass.com
电子邮箱：	hnjycbs@sina.com
客服电话：	0731-85486979
经　　　销：	湖南省新华书店
印　　　刷：	长沙超峰印刷有限公司
开　　　本：	710 mm×1000 mm　1/16
印　　　张：	11.5
字　　　数：	210 000
版　　　次：	2019年8月第1版
印　　　次：	2019年8月第1次印刷
书　　　号：	ISBN 978-7-5539-5466-0
定　　　价：	48.00元

本书若有印刷、装订错误，可向承印厂调换